Dedicado a Amparo Gómez, filósofa.

Índice

Prólogo

Llegó marzo de 2018 cargado de filósofas a la Universidad de La Laguna. Ese mes lo dedicamos cada día a una filósofa nacida en el siglo XX. Este fue el único criterio que seguimos para hacer nuestra particular selección. Tuvimos españolas, francesas, argentinas, británicas, norteamericanas, etc. Unas dedicadas a la ética, otras a la lógica, otras a la metafísica, otras a los estudios de género, a la filosofía del lenguaje y a muchos otros campos. Las hubo analíticas, continentales y difíciles de encasillar en una corriente. Faltan muchas, pero, para poner todas las que nos venían a la cabeza, en un primer repaso, hubiésemos necesitado no un mes, sino, al menos, un año. Para algunas personas habrá ausencias injustificables. Somos conscientes de ello. Faltan figuras icónicas como Agnes Heller, María Zambrano o Philippa Foot. También grandes filósofas de nuestro país, como Amelia Valcárcel, Adela Cortina, Mª José Frápolli o Ana de Miguel.

Nuestro listado no pretende ser una selección de las mejores ni de las más influyentes. Queríamos visibilizar el trabajo de las mujeres en filosofía y elegimos a las más cercanas a nuestras investigaciones. Todo fue muy espontáneo. Algunas están en representación de muchas otras de su corriente, grupo o asociación. En los textos aparecen muchísimos nombres de otras filósofas.

Mª José Guerra, presidenta de la Red Española de Filosofía, me pidió que la Sección se sumara al mes de las pensadoras, que estaba promoviendo en las redes sociales. Le dije que sí, pero el listado que había preparado venía desde la antigüedad. En la Sección ya habíamos estado trabajando con nombres y citas de algunas filósofas para la celebración del Día Mundial de la Filosofía, que este curso lo centramos en el tema de Los retos de la filosofía en los siglos XX y XXI. Lo hablé con la otra Vicedecana de Filosofía, Inmaculada Perdomo, y con Chari Hernández, y nos pareció más adecuado centrarnos en filósofas nacidas en el siglo XX. Y ahí empezó todo. Formamos un grupo de Whatsapp con algunas personas interesadas y empezamos a proponer autoras. Esto fue el 27 de febrero. No quedaba nada para marzo. Queríamos que todo el material que publicáramos fuera propio, que todos los trabajos fueran originales y firmados. En principio, pensábamos en una breve reseña sobre cada autora. Hablé con Elena Gutiérrez Roecker, una joven amiga ilustradora, y le propuse que dibujara a nuestras filósofas. Se entusiasmó con el proyecto. El 28 de febrero, en un día, ya tenía 20 ilustraciones terminadas.

Publicamos sobre ellas todo el mes en las cuentas de Facebook, Instagram y Twitter de la Sección de Filosofía de la ULL. Y en el blog las reseñas. Estas fueron haciéndose más largas y personales.

Ninguna de las personas a las que se propuso participar dijo que no. Otras se ofrecieron a colaborar cuando el proyecto estaba ya en marcha. Al final, hay colaboraciones firmadas por 22 personas diferentes. Una de ellas, Amparo Gómez, nos dejó en este mes. Fue una terrible pérdida. La incorporamos a nuestro plantel de filósofas. Por ello, tuvimos que alargar nuestro mes un día y termina el 1 de abril. También publicamos un poema de Thais Rivero, alumna del Grado en Filosofía, dedicado a Amparo. Y otro poema de Thais que salió en el blog con motivo del 8 de marzo.

Ha sido un gran trabajo de equipo, en el que todos los artículos han ido firmados por personas vinculadas con la Sección de Filosofía de la Universidad de La Laguna: alumnas y alumnos de máster y doctorado, doctorados por nuestra universidad, profesorado y hasta una alumna de grado. Estos son, por orden de aparición:

Sheila García González (Alumna del Doctorado interuniversitario en Investigación en Filosofía, ULL)

Manuel Liz (Catedrático de Lógica y Filosofía de la Ciencia, ULL)

Mª Rosario Hernández Borges (Profesora de Lógica y Filosofía de la Ciencia, ULL)

Miriam Hernández Domínguez (Alumna del Máster interuniversitario en Investigación en Filosofía, ULL)

Natividad Garrido (Alumna del Doctorado interuniversitario en Investigación en Filosofía, ULL)

Margarita Vázquez (Profesora titular de Lógica y Filosofía de la Ciencia, ULL)

Mª José Guerra Palmero (Profesora titular de Filosofía moral, ULL)

Amparo Gómez (Catedrática de Lógica y Filosofía de la Ciencia, ULL)

Inmaculada Perdomo Reyes (Profesora titular de Lógica y Filosofía de la Ciencia, ULL)

Dácil Álamo Santana (Doctora en Filosofía por la ULL, Profesora de Enseñanza Secundaria)

José Manuel de Cózar (Profesor titular de Lógica y Filosofía de la Ciencia, ULL)

Rafael Herrera (Alumno del Doctorado interuniversitario de Investigación en Filosofía de la ULL, Profesor de Enseñanza Secundaria)

Juan J. Colomina-Almiñana (Doctor en Filosofía por la ULL, Profesor en la University of Texas at Austin)

Gabriel Bello Reguera (Catedrático jubilado de Filosofía Moral, ULL)

Laura García Díaz (Alumna del Máster interuniversitario en Investigación en Filosofía, ULL)

María González (Alumna del Grado en Filosofía de la ULL)

Ana Isabel Hernández Rodríguez (Doctora en Filosofía por la ULL, Profesora de Enseñanza Secundaria)

Margarita Santana de la Cruz (Profesora de Lógica y Filosofía de la Ciencia, ULL)

Álvaro Domínguez Armas (Alumno del Máster interuniversitario en Lógica y Filosofía de la Ciencia, ULL)

Obdulia Torres González (Doctora en Filosofía por la ULL, Profesora en la Universidad de Salamanca)

Abraham Hernández (Alumno del Doctorado interuniversitario en Lógica y Filosofía de la Ciencia, ULL)

Chaxiraxi Mª Escuela Cruz (Profesora de Filosofía Moral, ULL)

Quiero agradecer el trabajo a todas y a todos los que han hecho que este marzo de 2018 sea inolvidable. También a quienes nos han seguido por las redes sociales, citándonos y compartiéndonos.

No podemos mirar hacia otro lado. Todas las personas que colaboramos en este proyecto tenemos que ser agentes del cambio, cada cual desde su posición. Unas introduciendo más filósofas en nuestros temarios (y luchando para que otros las introduzcan), otras eligiendo autoras para sus trabajos de clase, trabajos fin de grado, fin de máster y tesis doctorales, y las últimas difundiendo sus obras en las redes.

Con lo hecho hasta ahora ya hemos conseguido algo. En nuestra biblioteca de humanidades, Ana Gutiérrez Barros está cambiando la catalogación de algunas de nuestras filósofas para que tengan una signatura propia. Se dio cuenta de que algunas, de las que teníamos bastantes libros, no la tenían, sino que estaban clasificadas por la temática que trabajaban. También se completarán los fondos de todas. Y están preparando una exposición.

Pero esto es sólo el principio. Las filósofas existen y merecen ser visibilizadas.

Mujer

Thais Rivero

Estoy empezando a sentir por primera vez que ocupo un espacio.
Estoy empezando a reconocerme delante de los cristales del metro sin dejar que nadie más diluya mi mirada.
Estoy empezando a crear la necesidad de ser escuchada.

Quiero dejar de pedir perdón antes de intervenir, por si digo una estupidez.
Quiero pertenecer a un colectivo que me respete y que no crea que tolera mis impertinencias.
Quiero poder elegir en todo momento: ser madre, ser soltera, ser sin hijos, ser casada, ser libre, ser mujer.

Me han hecho pagar los platos rotos que nunca toqué y ahora quiero lanzarlos todos contra el suelo.
Me han hecho ir siempre un paso por detrás o diez por delante para que no me asalten en mitad de la noche.
Me han hecho caer, sentirme *el otro*, dejar de pensar como un *yo*.

Pero ahora, por fin, estoy empezando a dilucidar el camino.

Tengo miles de manos tendidas queriendo que las coja para poder salvarme.
Las manos son ellas, mis compañeras de batalla, las olvidadas, las bien queridas y las maltratadas.
Las manos son libros, voces de protesta, pancartas gigantes y un mismo deseo al unísono.

Estoy decidida a querer decidir.
Estoy decidida a marchar junto a ti.
Estoy decidida a hacer brillar a todas las que lucharon por mí.

De una vez por todas, tengo claro que quiero *ser*.

A.

Poema de Thais Rivero

Ella era todas las flores que crecían en jardines áridos.
Ella sonaba
y reía, en cualquier estación del año.
Ella pintaba de colores todas las mañanas
con su café.

Ella es luz
y paz,
besos en la frente
y un terremoto.

Ella incendiaba los pasillos,
enternecía miradas,
era la ruta
y los pasos.

Todo su amor
no se mide
se siente
y ya no podremos quebrarnos en más pedazos.

Te quiero sin remedio
y sin cesar
a pesar de que tu puerta se haya cerrado por última vez.

Simone de Beauvoir

1 de marzo: Simone de Beauvoir

Simone de Beauvoir (1908-1986)

Sheila García González

Simone de Beauvoir (1908-1986) fue una escritora y filósofa francesa, defensora de los derechos humanos, vinculada al existencialismo y pionera del pensamiento feminista del siglo XX. Su libro de 1949, *El segundo sexo,* proporcionó el primer marco teórico de la segunda ola feminista. El análisis que hace allí sobre la existencia femenina en el mundo sigue siendo clave para dilucidar la cuestión feminista. La recepción crítica de esta obra estuvo marcada por la falta de reconocimiento y los prejuicios sexistas. Es más, fue recibida con tanta hostilidad y con críticas tan demoledoras que estuvo enterrada durante algún tiempo. Fue necesario el transcurso de casi tres décadas tras su publicación para que lograra su justa valoración. En los movimientos de mujeres de los años 70, fue desempolvada y considerada una guía eficaz para dirigir el camino feminista más allá de las reivindicaciones de algunos derechos (como el del voto o la educación) y cuestionar el papel tradicional de la mujer y la naturaleza femenina como determinante para su situación sociocultural. El análisis que lleva a cabo Beauvoir en relación con el cuerpo femenino y su sexualidad, desde la infancia a la madurez, abre la reflexión asimismo a cuestiones como la heterosexualidad y la homosexualidad, el cuestionamiento del matrimonio y de la prostitución, entre muchas otras. Es con Beauvoir cuando la sexualidad se sitúa en el centro de la reflexión teórica del feminismo.

Simone de Beauvoir desafía al determinismo biológico con la premisa "no se nace mujer: llega una a serlo", poniendo de manifiesto la distinción sexo/género, pues mientras el término "sexo" alude a las diferencias biológicas, "género" incluye un conjunto de categorías socialmente construidas. Esta idea, diferenciar la construcción social de la identidad de las mujeres de su constitución biológica, influyó, en gran medida, en el feminismo contemporáneo. De esta forma, se inició un análisis de la identidad de la mujer como una construcción social y de esclarecimiento del papel que representa el cuerpo en la interpretación de las normas de género. La pregunta por su propia identidad, "¿qué ha significado para mí ser mujer?", impulsa a esta pensadora a escribir *El segundo sexo* y reflejar su propia identidad a través de una autobiografía. Beauvoir denuncia que el mundo es hecho por y para hombres y, por ello, considera ineludible explicar y explicitar las condiciones de posibilidad de una vida propia de la mujer.

Simone de Beauvoir se enfrenta al imaginario cultural y social masculino acerca de las mujeres, examinando la imagen de las mujeres a lo largo de la historia. En un marco existencialista articula lo femenino como "el Otro", como alteridad, y afirma que la identidad de la mujer siempre ha dependido de la identidad del hombre. Esto significa que la mujer es definida exclusivamente por referencia al hombre, ésta es lo inesencial frente a lo esencial, él es "el Sujeto" y ella "el Otro" no redimible. En suma, el destino de los hombres es la trascendencia, entendida como proyecto vital, mientras que el de las mujeres es la permanencia en la inmanencia, en la repetición de lo mismo una vez fijada su identidad. Simone de Beauvoir parte de la dialéctica hegeliana del *Amo* y el *Esclavo* para dar cuenta del vínculo entre el hombre y la mujer, y la reinterpreta. Mientras los hombres oprimidos, tarde o temprano, se rebelan afirmándose colectivamente como sujetos, Beauvoir infiere que en el patriarcado las mujeres aparecen siempre encerradas en la subordinación, al margen de postularse, verdaderamente, como sujetos. En otras palabras, históricamente a las mujeres no se les ha considerado capaces de afirmase a sí mismas como individuos diferenciados precisamente porque han sido relegadas a ocupar siempre el papel de objeto.

Sin duda, Simone de Beauvoir desafía los mitos culturales androcéntricos y analiza cómo la mujer ha sido construida como un "ser-para-los-hombres". Revela el carácter falaz de esas imágenes que evocan a una esencia femenina. Crítica con la feminidad, como una esencia inherente a la mujer, esta filósofa denuncia que es la sociedad patriarcal la que ha mantenido tal mito sobre la mujer para justificar su opresión. Desde el nacimiento, la niña es instruida para llegar a ser una mujer, es decir, el objeto, "el Otro". El desarrollo de la sociedad patriarcal está marcado por la consolidación de los hombres como sujetos y la subordinación de las mujeres a las leyes sociales. En suma, se trata de una cosmovisión androcéntrica que justifica la dominación a través de diversos mitos y que sitúa al hombre como el representante de la sociedad, como esencial, mientras define a la mujer como "el Otro", como el sexo femenino, como lo inesencial. Se encarcela a la mujer en los roles de madre y esposa como las funciones "naturales", mientras se las aleja de ser consideradas como seres independientes y autónomos, conciencias singulares que merecen reconocimiento.

El pensamiento de Simone de Beauvoir es, sin duda, un referente del feminismo contemporáneo y una base teórica fundamental para las reivindicaciones de igualdad y debates en torno al género. Su trabajo ha generado reacciones extremas, incluso dentro del propio movimiento feminista. Se puede considerar que parte de las críticas a su trabajo muestran cierta animadversión con la propia temática de su reflexión. Toril Moi, una de sus estudiosas, señala que ninguna literata francesa ha sido tan duramente criticada como ella y enumera algunos estereotipos recurrentes de los que se han hecho uso para desacreditarla, apuntando así a que el problema se halla en que Simone de Beauvoir se presenta a sí misma como una mujer intelectual, algo incómodo para el propio patriarcado. Su propia vida fue un ejemplo de transgresión, y su peculiar relación sentimental con Jean-Paul Sartre ha significado un prejuicio más que ha impedido un análisis objetivo de su obra. No obstante, su obra literaria y filosófica, por ejemplo, sus ensayos sobre la vejez, es mucho más extensa y rica, pero ha quedado opacada por la gran repercusión histórica de *El segundo sexo*. Asimismo, Beauvoir fue una activista política y cultural destacada.

En líneas generales, el análisis que lleva a cabo Simone de Beauvoir de la situación de la mujer, históricamente y en diferentes contextos culturales, apunta a que la situación de las mujeres está marcada por la desigualdad y la opresión. Reflexionar sobre la identidad de la mujer le conduce a pensar sobre cómo el género determina nuestra visión del mundo y los modos en que vivimos en él. La repercusión de su obra en el siglo XX, el siglo de las mujeres, y en el XXI es aún imposible de calibrar, pero, para mí, difícilmente encontraremos a otro filósofo, hombre o mujer, con mayor impacto en la sociedad occidental.

2 de marzo: Elizabeth Anscombe

Gertrude Elizabeth Margaret Anscombe (1919-2001)

Manuel Liz

Tener tres nombres es un problema. Habitualmente, Anscombe viene precedida por las siglas G. E. M. Y cuando se usa un nombre, suele ser Elizabeth. Nació el 19 de marzo de 1919, en la verde Irlanda. Murió el 5 de enero de 2001, en Inglaterra. Cabe decir que Anscombe desarrolló una vida sumamente académica, centrada geográficamente en el área conocida como Oxbridge. Estudió en Oxford y fue durante muchos años profesora de filosofía en Cambridge, donde pasó a ocupar la cátedra que anteriormente ocupara Wittgenstein. También fue miembra de la Academia Británica y de la Academia Estadounidense de las Artes y las Ciencias. Y entre las múltiples distinciones que recibió, destaca el doctorado Honoris Causa concedido, en 1989, por la Universidad de Navarra.

Anscombe formó parte del círculo de amistad íntima de Wittgenstein. También Philippa Foot e Iris Murdoch. Tras la muerte de Wittgenstein, en 1951, Elizabeth Anscombe, Rush Rhees y Georg von Wright se convierten en albaceas de su legado filosófico, responsabilizándose de la edición y publicación póstuma de sus manuscritos. Anscombe figura como editora y traductora al inglés, a veces también introductora, de la mayoría de los escritos de Wittgenstein posteriores al *Tractatus*, entre los que se incluyen *Philosophical Investigations* (1953), *Notebooks 1914–1916* (1961), *On Certainty* (1969), *Remarks on the Foundation of Mathematics* (1956) y *Zettel* (1967).

Anscombe, Philippa Foot, Iris Murdoch y Mary Midgley forman un conjunto distinguido de autoras que constituye a mediados del siglo pasado un caso único de escuela filosófica formada sólo por mujeres. Común a todas ellas es la defensa de la existencia de valores intrínsecos, que, aunque no puedan definirse con precisión, sí pueden intuirse a través de ejemplos concretos, y la sospecha de que las personas tienen ese tipo de valor que no se reduce a normas, contratos o utilidad. Esta defensa se encuentra también muy presente en el llamado Grupo de Bloomsbury, liderado por Virginia Woolf y con fuerte influencia del filósofo idealista McTaggart.

Pero con independencia de todas estas conexiones, los planteamientos filosóficos propios de Anscombe fueron tremendamente originales e influyentes. En sus primeros trabajos, aborda el tema de la causalidad desde nuevos enfoques al margen de la ortodoxia. Argumenta, por ejemplo, que la causalidad no implica determinismo. Su ilustración de esta tesis, ya un clásico, es la siguiente. Supongamos un contador Geiger conectado a una bomba. La bomba explotará si el contador detecta un determinado nivel de radioactividad. Dicha radioactividad es generada por procesos cuánticos de manera radicalmente aleatoria. Tenemos aquí una indudable conexión causal entre cierta medición y la explosión de la bomba. Sin embargo, no hay nada que determine la explosión de la bomba.

Otro tema importante de su etapa inicial es el del significado de la palabra "Yo", en respuesta crítica al "cogito" cartesiano. Que yo sea Elizabeth Anscombe no es una proposición necesaria, obviamente. Ni que yo sea Manuel Liz. Yo podría haber sido Elizabeth Anscombe. Con perdón de Kripke, en algún sentido esto es posible: Yo podría haber sido Elizabeth Anscombe. Y Anscombe quiere que nos fijemos en ese sentido. Pero, entonces, la proposición "Yo soy Manuel Liz", en ese sentido de la palabra "Yo", no puede expresar estrictamente una identidad. Si expresara una identidad, de ser verdad debería ser una verdad necesaria. Así pues, la palabra "Yo" no significa lo mismo que el nombre "Manuel Liz" (dicho de otro modo, el nombre "Manuel Liz" tiene menos rigidez que la palabra "Yo"). Afirmar entonces algo como "Yo pienso" no significa lo mismo que afirmar "Manuel Liz piensa". Y si podemos repetir estas observaciones con cualquier otro nombre o descripción, y podemos hacerlo, ¿qué puede significar lo que Descartes quiso decir en su "cogito"? ¿Qué puede significar el "cogito ergo sum" de Descartes para cualquier otro sujeto? ¿Tal vez, simplemente, nada que pueda ser completamente relevante para su propio yo?

Los análisis de Anscombe sobre los conceptos de intención y de acción intencional también abrieron nuevos y amplios horizontes para la filosofía de la mente y de la acción, centradas en la década de los 50 en las propuestas del conductismo. Y esto es así hasta el punto que Davidson llega a afirmar de su obra *Intention* (1957) que ofrece las mejores reflexiones sobre esos temas que se han llevado a cabo desde los trabajos de Aristóteles sobre ética.

Hoy en día nos parece muy natural decir cosas como que las acciones se justifican mediante razones, y que deben distinguirse razones y causas. También le parecía muy natural a Aristóteles. Su teoría de los silogismos prácticos, en los que la decisión de actuar se sigue de una interacción entre creencias y deseos, articula esta manera de ver las cosas. Pero fue Anscombe quien rescató estas ideas de un largo olvido, favorecido como hemos dicho por las abundantes propuestas conductistas en la primera mitad del pasado siglo, tanto en psicología como en filosofía. Y a partir de ella, las propuestas concretas se han multiplicado.

Anscombe argumentó que además de intentar basar la ética en planteamientos kantianos, contractualistas o utilitaristas, podíamos seguir dando una oportunidad a los planteamientos basados en la virtud. Esta vuelve a ser una idea aristotélica. Y hoy en día la encontramos en ética y también en epistemología. La epistemología basada en la existencia de virtudes epistémicas es uno de los enfoques más prometedores de la epistemología actual. Otra vez, quien primero habló en términos de virtudes, ya sean morales o epistémicas, fue Anscombe.

Debemos señalar que Anscombe acuñó en ética el término "consecuencialismo". Y consideró que las consecuencias de nuestras acciones no podían ofrecer un valor ético máximo. Ni tampoco, el seguir con rigor las normas, cualquier tipo de normas. Para ella, lo único que puede contar como valor ético máximo es la buena intención de una persona.

Sin embargo, la buena intención no lo disculpa todo. Pues una buena intención no elige cualquier curso de acción. Matar inocentes como consecuencia indeseada de hacer algo con un buen propósito sólo puede estar justificado si se han examinado con cuidado todas las opciones y realmente no cabe actuar de otro modo.

Anscombe se opuso abiertamente a la concesión, por parte de la Universidad de Oxford, de un doctorado Honoris Causa al presidente norteamericano Truman después de la Segunda Guerra Mundial. Para ella, simplemente, Truman se había convertido en un criminal de guerra al decidir lanzar sobre Hiroshima y Nagasaki las bombas atómicas. Según parece, Anscombe escribió su libro *Intention* a fin de analizar y rechazar cierta manera muy extendida de justificar decisiones como la del presidente Truman diciendo que no había más opción si se quería acabar la guerra. Ciertamente, acabar una guerra es una buena intención, nadie lo duda. Pero esta intención sólo habría justificado la acción de lanzar las bombas atómicas sobre Japón si no hubiese existido ninguna otra manera de acabar la guerra. Y es obvio que había otras muchas maneras de acabar la guerra. Siempre las hay.

Estas ideas se conocen hoy día como la "doctrina del doble efecto", de uso muy extendido al tratar problemas concretos en ética y en derecho. Una acción puede ser moralmente correcta aunque tenga efectos no aceptables moralmente. Puede serlo si está motivada por una buena intención y si no se tiene la intención de producir esos efectos. Los efectos se evitarían si se pudiera, pero no se puede. Los mismos efectos producidos intencionalmente convertirían la acción en una acción moralmente incorrecta. Hay por tanto "dos tipos de efectos". Los que intencionalmente se evitarían, si se pudiera, y los que se buscan intencionalmente. Y los primeros son compatibles con la corrección, o, como Anscombe preferiría decir, la bondad de la acción.

Philippa Foot ha desarrollado ampliamente este tema en relación a un caso concreto: el llamado "problema del tranvía" (the trolley problem). Una versión muy simple es la siguiente. Un tranvía está a punto de atropellar a varias personas. Apretando un botón, podemos hacer que cambie de vía y atropelle tan sólo a una persona. ¿Apretaríamos el botón? ¿Es esto lo moralmente correcto? Pensemos ahora en esta otra situación. Es como la anterior pero ahora, en lugar de apretar un botón, podemos salvar a esas personas arrojando a la vía una persona gorda (así suele presentarse el caso) que se encuentra casualmente por allí. ¿Deberíamos sacrificarla para salvar a todas las demás? ¿Por qué nos parece que ahora se complican más las cosas moralmente? ¿Dónde está la diferencia? Lo que dijimos más arriba ofrece una solución.

Una parte muy importante de la ética contemporánea se ha escrito en torno a todas estas cuestiones. Judith Travis Thomson ha añadido muchas más reflexiones. También, más recientemente, Peter Unger. Podemos encontrar discusiones de problemas muy parecidos en la filosofía medieval y en la filosofía clásica. Pero también son problemas que tienen que ver con nuestras prácticas cotidianas. Es más, toda buena acción puede llegar a tener consecuencias moralmente rechazables.

Reivindicación de viejos problemas y soluciones clásicas. Hacer filosofía de modo directo y comprometido. También explorar con curiosidad y audacia nuevos territorios. Todo esto es Anscombe.

3 de marzo: Martha Nussbaum

Martha Nussbaum (1947)

Mª Rosario Hernández Borges

Martha Craven Nussbaum es una filósofa estadounidense cuya obra tiene como objeto analizar las condiciones que harían que nuestras vidas fueran mejores. Estudió teatro y lenguas clásicas y, posteriormente, se graduó en Filosofía en la Universidad de Harvard, de la que fue profesora. Actualmente, y tras un tiempo enseñando en la Universidad de Brown, ocupa la cátedra de Derecho y ética en la Universidad de Chicago.

El tercer jueves de noviembre de 2012 celebramos por primera vez el Día Mundial de la Filosofía en la Facultad de Filosofía (ahora Sección de Filosofía) de la Universidad de La Laguna. Decidimos dedicarlo a Martha Nussbaum, que había recibido el premio Príncipe de Asturias de Ciencias Sociales un mes antes. En esa ocasión, Margarita Vázquez, como decana, y yo, como vicedecana, organizamos la celebración. Aunque desconocía la obra de Nussbaum, leí mucho sobre ella, escuché varias entrevistas no solo sobre su pensamiento filosófico, sino también sobre su vida, elegí las fotografías que ilustrarían una exposición de su obra y terminé teniendo la impresión de que trasmitía una aparente fragilidad contenida en el trabajo duro, la actitud razonable y la necesidad de elaborar un discurso comprensible y útil. En las entrevistas y en sus libros habla de sus emociones sin demasiado pudor, como si se hubiera conciliado con ellas con esfuerzo y razones. Recuerdo una entrevista titulada "Beauty and consolation: Martha Nussbaum", donde se refería a la ira como un sentimiento muy presente en una etapa de su infancia. "No darse nunca por vencida" y "hacer lo que tenía que hacer" fueron expresiones que también aparecían con frecuencia en aquella entrevista.

De los muchos temas que trata Nussbaum, creo que la justicia social y la vulnerabilidad sirven de nexos que articulan todos los demás. Su estrategia argumentativa siempre pasa por la actualización del pensamiento griego mezclado con grandes dosis de ideología liberal.

Por ejemplo, en *La fragilidad del bien* (1986) recurre a su formación en el pensamiento griego para mostrar a través de la tragedia cómo los elementos constitutivos de la vida buena pueden ser vulnerables a la influencia de agentes externos. La metáfora de la barca como ciudad construida para superar las inclemencias del oleaje, muestra la necesidad del desarrollo tecnológico para crear condiciones para una vida que florezca y supere las contingencias externas, pero tanto o más importante que el desarrollo tecnológico es la deliberación moral, la prudencia que, siguiendo a

Aristóteles no es arte ni ciencia, sino un saber sobre las condiciones de la vida humana adquirido por la experiencia. La vida buena, eudaimonía, se alcanza mediante el esfuerzo y la fortuna, siempre bajo el acecho de la incertidumbre que origina la propia vida.

Porque Aristóteles era consciente de la vulnerabilidad humana y de su imposibilidad de suprimirla, consideró que el Estado estaba obligado a compensarla ayudando a los ciudadanos en temas como la educación, el suministro del agua, la provisión de alimentos, etc. Pero no existe en el pensamiento aristotélico la idea de igualdad humana más allá de las diferencias de género, clase o etnia. Esta carencia se ve compensada en el pensamiento estoico con el reconocimiento a la dignidad humana y su igual valía para todas las personas. Este es el antecedente clásico que Nussbaum retoma en el proyecto sobre el enfoque de las capacidades que emprende con el economista Amartya Sen y que presenta en *Crear capacidades. Propuesta para el desarrollo humano* (2011). Parten de la idea de que la mejor medida para la pobreza son las capacidades, entendidas como oportunidades, y no los ingresos. En este proyecto, Nussbaum intenta reconciliar la defensa de la libertad individual con una propuesta ética universal, que descansa en una lista de capacidades. En la versión de Nussbaum, que difiere en algunos puntos de la de Sen, el enfoque de las capacidades se pone al servicio de la construcción de una teoría de la justicia social básica, que se pregunta ¿qué se necesita para que una vida esté a la altura de la dignidad humana? La respuesta, señala Nussbaum, es que supere un nivel umbral suficiente de diez capacidades. Estas son: vivir una vida de duración normal, tener una buena salud física, conservar la integridad física, usar los sentidos, la imaginación y el pensamiento gracias a la educación y la libertad de expresión y creación, gozar de un desarrollo emocional satisfactorio, desarrollar la razón práctica incluyendo la libertad de conciencia y la observancia religiosa, tener capacidad de afiliación (oportunidades para relacionarnos con los otros en igualdad de condiciones), poder relacionarnos con los animales, las plantas y el mundo natural, disfrutar de actividades lúdicas y, por último, tener control sobre el entorno (participar en las decisiones políticas, tener derecho de propiedad, tener derecho a buscar trabajo…). Las capacidades son libertades creadas por la combinación de facultades personales y el entorno social, político y económico.

En diferentes ámbitos, como el de la libertad religiosa o el de las decisiones parentales sobre los hijos, pueden surgir tensiones entre ciertas prácticas y las capacidades. En esos casos, Nussbaum propone que la protección de las capacidades sea considerada un interés estatal de ámbito superior que prime sobre la libertad del ejercicio religioso o sobre decisiones individuales. Corrige así Nussbaum a algunos de los autores de la teoría liberal, pero sigue el núcleo del liberalismo en su compromiso con la libertad de igualdad y oportunidades.

El caso de la desigualdad de las mujeres es otro problema de la teoría liberal clásica que preserva a la familia de la exigencia de justicia social, pero cuya solución está en el mismo núcleo teórico liberal (*Sex and Social Justice*, 1998; *Woman and Human development*, 2000). Este es un fenómeno internacional, se sufre en muchos ámbitos y en todo el mundo. También es un problema del desarrollo ya que la negación de oportunidades a las mujeres frena la productividad de muchas naciones. Nussbaum es una feminista liberal, con una concepción universalista de la discriminación que cree que esta situación podría revertirse mediante el florecimiento humano con el desarrollo de capacidades. Rechaza el posmodernismo y el relativismo y ha mantenido una dura posición crítica con feministas estadounidenses como Judith Butler, a la que ha calificado como "la profesora de la parodia" y a quien ha reprochado su quietismo político, su indiferencia ante la posibilidad de cambios legislativos o en las condiciones de vida de las mujeres.

Otro tema al que Nussbaum ha dedicado varias obras es al de las emociones (*The Therapy of Desire*,1994; *Upheavals of thought*, 2001; *Political emotions : why love matters for justice*, 2013; *Anger and Forgiveness: Resentment, Generosity, Justice*, 2016). Con las emociones, los sujetos realizan juicios de valor sobre cosas y personas relevantes para su desarrollo, pero que no están bajo su control. Son el reconocimiento de nuestras necesidades y nuestra vulnerabilidad. Están ligadas a la ética y a la filosofía política y su modulación a través de la educación nos permite oponernos a promulgar leyes que generen desigualdades sociales. Nussbaum hace un análisis de la estructura interna de las emociones como el miedo, la compasión, la envidia, la ira, el perdón…, y a través de casos cotidianos nos muestra cómo nuestra constitución afectiva está ligadas a la justicia y a la ética.

El papel de la educación en el pensamiento de Nussbaum es terapéutico. La educación es el instrumento que permite construir un tipo adecuado de ciudadanos. El estudio de las humanidades nos ayuda a ver el mundo desde el punto de vista de otras personas, desarrolla nuestra empatía, nuestra capacidad natural para ponernos en la piel de los otros, ampliándola más allá de nuestro núcleo de relaciones cercanas, amigos y familiares, y permitiéndonos imaginar cómo se sienten los que no conocemos. Sin duda, Nussbaum se ha erigido en una de las voces públicas que más ha defendido la enseñanza de las humanidades y de la filosofía, en los últimos años.

Preguntada en una entrevista por el papel de las mujeres en la filosofía, Nussbaum sintetiza su preocupación por la desigualdad de las mujeres y su defensa de la enseñanza de la filosofía en el siguiente diagnóstico: "Pienso que las lagunas que existen se deben a que la filosofía es una disciplina básicamente colaborativa, que puedes construir sólo conversando con otros. La mujer fue excluida de esas conversaciones, no pudo establecerse con voz propia en esas imprescindibles conversaciones y ello le impidió ser reconocida como figura relevante del pensamiento". Por tanto, recuperemos la voz, enseñemos Filosofía.

Rosi Braidotti

4 de marzo: Rosi Braidotti

Rosi Braidotti (1954)

Miriam Hernández Domínguez

Rosi Braidotti, filósofa y teórica feminista, coprotagoniza el escenario de la reflexión filosófica que piensa el presente a partir de códigos críticos feministas, pacifistas, antirracistas y ecologistas. Su capacidad para entrelazar ecología, tecnología, ética y política resulta fascinante para las distintas voces investigadoras actuales. En *Lo posthumano* (2015), una de sus obras más destacadas, expone una ontología abierta a lo no antropocéntrico y a lo posthumano, asumiendo una interrelación entre naturaleza y tecnociencia. El retorno a los cuerpos reales y al materialismo encarnado es su gran apuesta. Esta potente apuesta es la que me impulsa a dedicar unas líneas, en este maravilloso mes de pensadoras, a su concepción de la ética y política posthumana.

La condición posthumana comprende prácticas tanto inhumanas como deshumanas, por ello Braidotti habla de una "necropolítica" de lo posthumano. Con esto se refiere al carácter destructivo de algunas formas de panhumanidad generada, en mayor medida, por la subsunción de la vida a la economía política de la capitalización de la misma. Así mismo, señala la reestructuración destructiva entre la naturaleza y la cultura acometida por la intervención biogenética o la mediación tecnológica. Esto último está en la base de las nuevas tecnologías de guerra, constituidas por armas automáticas que prescinden, en gran medida, de la decisión humana. Braidotti, por tanto, señala la violencia y las prácticas inhumanas en las que vivimos reivindicando una reacción contra esta imperante economía necropolítica. Y aquí es donde entra en juego la importancia de la ética y el sujeto político.

El sujeto guiado por la "zoe" (concepto con el que la autora alude a la tradicional oposición "bios/zoe" que recoge las categorías de "anthropos" y "bios" como distintas de la vida de lo no-humano), se caracterizaba por la interdependencia con los muchos "otros" transfiriendo datos y creando una interconexión compleja. Hablamos, por tanto, de un sujeto político como entidad ecofilosófica, conectado con el medio ambiente, trasgresor del humanismo y antropocentrismo. A su vez, se encuentra integrado en un contexto ecológico inmerso en las nuevas tecnologías que generan un enorme flujo de transformaciones. Y en este punto me planteo, ¿cómo afrontar estas transformaciones desde una teoría posthumana? Considero que la respuesta de Braidotti a esta cuestión se dirigiría al devenir, a la importancia de observar las conexiones colectivas al margen de cualquier modelo estático, así como en la atención a las posibles vías alternativas. Ahora bien, el sujeto tecnológicamente modificado por el capitalismo avanzado posee sus propias contradicciones. Sin embargo, las transformaciones tecnológicas generadas a partir del igualitarismo "zoe-centrado" combaten la clásica visión humanista del sujeto sustentado por la necropolítica del capitalismo avanzado. En respuesta a lo inhumano y lo deshumano de nuestro contexto, Braidotti apuesta por su posthumanismo crítico.

La propia interconexión, el entretejido de todo tipo de relaciones, es lo que nos convierte en sujetos éticos posthumanos. Una ética sostenible se sirve de la interconexión entre sí y los otros, incluyendo a los otros no-humanos y a la tierra, al margen de cualquier individualismo antropocéntrico. Aquí reside la potencialidad de la subjetividad posthumana que presenta Braidotti: un nuevo modo de combinar valores éticos para una comunidad ampliada, que incluya las interconexiones territoriales y ambientales de cada uno. Estos nuevos vínculos éticos están al margen de la clásica subjetividad individual que establece nexos por una vulnerabilidad común (raíces negativas). Por el contrario, se trata de crear raíces positivas, con un fuerte sentido de la responsabilidad y la colectividad. Es decir, esta ética posthumana se genera afirmativamente a partir de la creación de futuros posibles, de prácticas cotidianas e interconexiones. Esto requiere de un enorme potencial creativo, aquel desarrollado por las teorías feministas de los estudios raciales y postcoloniales, que nos ayuden a visionar y construir un futuro como apertura virtual de la posibilidad del presente.

En resumen, la teoría posthumana de Braidotti reconoce lo inhumano y deshumano de las trasformaciones tecnológicas de nuestro contexto. Sin embargo, se sirve de su crítica al humanismo, los estudios deleuzianos del devenir y lo nomádico, el feminismo, antirracismo, pacifismo y la consciencia ecológica para plantear una subjetividad posthumana que aniquile los dualismos y apueste por una interconexión de sí con los muchos otros que nos rodean. Sentimos, casi como necesidad, cuestionar el devastador efecto de una relación falta de empatía con la naturaleza, lo animal y el amplio conjunto de otredades. El regreso al cuerpo, a la interactividad y al reconocimiento de las multiplicidades encarnadas componen un camino esperanzador hacia la reconciliación con la multiplicidad de alteridades en un mundo tecnológicamente mediado como el nuestro. La subjetividad posthumana como posible reconfiguración de la problemática presente.

Simone Weil

5 de marzo: Simone Weil

Simone Weil (1909-1943)

Natividad Garrido

Filósofa francesa, graduada en l'École Normale Supérieure de París, donde fue compañera de Simone de Beauvoir, y Catedrática de Filosofía en el Lycée para mujeres jóvenes en la ciudad de Le Puy. Crítica con el marxismo ortodoxo, denuncia las condiciones sociales y laborales opresivas de la clase obrera, la necesidad de erradicar el veneno de las injusticias y desigualdades sociales y la defensa de las libertades. Todo ello, a través de una visión ética-política en la que todo ser humano tenga una participación igualitaria, real y activa, tal y como se hace notable en obras como *Reflexiones sobre la libertad y la opresión, Echar raíces,* o en los múltiples escritos destinados a la prensa obrera.

Su pensamiento, adquiere una mayor resonancia al verse llevado a la acción. En todo momento, su actividad intelectual se ve acompaña por una fuerte militancia sindicalista, revolucionaria y emancipadora. Esta es una de las razones por las que constantemente cambia de Lycées. También abandona su labor docente para trabajar durante un año como obrera en la fábrica Renault. De esta última experiencia surge su escrito de visión izquierdista, *La condición obrera.* Tal era su compromiso, que llegó incluso a luchar en el frente español en defensa de la República en 1936.

También dedicó una parte de su escritura a sus inquietudes y reflexiones más espirituales, siendo considerada una de las místicas cristianas más destacadas del siglo XX, aunque alejada de todo convencionalismo ortodoxo. De este periodo surgen obras como *La gravedad y la gracia, A la espera de Dios* o *Pensamientos desordenados.*

Exiliada durante la Primera Guerra Mundial en Inglaterra, Weil muere prematuramente a los 34 años de tuberculosis. Hoy podemos acercarnos a la amplitud y complejidad de su pensamiento gracias al reconocimiento y valoración de sus amistades y familiares, ya que la totalidad de sus obras aparecen publicadas póstumamente. Una gran colección de escritos, ensayos y artículos, que manifiestan esa característica tan especial de Weil, la relación entre pensamiento y acción en la propia existencia.

6 de marzo: Susan Haack

Susan Haack (1945)

Margarita Vázquez

Hice mi licenciatura en Salamanca a principios de los 80. No tuve ninguna profesora. Tampoco recuerdo que estudiáramos a ninguna filósofa. En aquel momento, todavía no era popular Arendt y se hablaba de Simone de Beauvoir como "la mujer" de Sartre. Lo peor de todo era que no nos dábamos cuenta de la anormalidad de aquella situación. Ni siquiera recuerdo haberle oído comentar nada sobre ella a Ana de Miguel, compañera de clase y ahora referencia imprescindible en la filosofía feminista.

En la carrera me empezó a interesar la lógica, en especial la lógica modal y las, entonces, llamadas "lógicas no clásicas". Alguien me recomendó dos libros recién traducidos al castellano de Susan Haack: *Lógica divergente* (*Deviant Logic*, Cambridge University Press, 1974), publicado en Paraninfo en 1980, y *Filosofía de las Lógicas* (*Philosophy of Logics*, Cambridge University Press, 1978), publicado en Cátedra en 1982. Sólo los títulos me resultaron ya muy atractivos y provocadores. Que los escribiera una mujer me gustó. Los leí y releí. Puedo decir que estos dos libros me cambiaron la vida, al menos la vida académica. Me abrieron las puertas a una parte de la filosofía que no conocía y de la que ya no quise volver a salir. Estaban llenos de problemas filosóficos a los que la lógica intentaba dar respuesta.

De Filosofía de las Lógicas me interesaron especialmente los capítulos 9, 10 y 11, dedicados a la diferencia entre lógica y lógicas (o entre lógica clásica y no clásica), a la lógica modal y a las lógicas plurivalentes. También el prefacio. A este último todavía hago referencia habitualmente en clase. Allí dice Haack que, en el último siglo, ha habido un tremendo y variado desarrollo de los sistemas lógicos. Especialmente en cuatro áreas: (i) el aparato lógico estándar; (ii) los cálculos no estándar; (iii) el estudio filosófico de la aplicación de estos sistemas; y (iv) el estudio de los fines y capacidades de la formalización. Pues bien, el libro de Haack da muestra de estos cuatro desarrollos. Y la segunda área, la de los cálculos no estándar, es la que presenta, justamente, en los capítulos 9, 10 y 11. Ella siempre enfatiza el hecho de que los sistemas "no estándar" se han desarrollado en paralelo a los sistemas clásicos o estándar. También que un desarrollo de la lógica no estándar promovió otro. Así, el interés por los sistemas modales fomentó el surgimiento de las lógicas temporal, epistémica y deóntica. Haack presenta todos los sistemas lógicos y sus motivaciones de una manera viva y, al menos para mí, fascinante.

Esa es mi Susan Haack, la primera Haack. Hay otras. Si mi compañera y amiga de la Universidad de Granada, Mª José Frápolli, que tan bien la conoce, hiciera esta entrada, seguramente nos hablaría de otra.

Haack estudió, en Oxford, a Platón con Gilbert Ryle, lógica con Michael Dummett y ética con Philippa Foot. Allí también fue alumna de Arthur Prior, que estaba en esos años desarrollando sus sistemas de lógica temporal. Se doctoró mientras era profesora en un college de mujeres en Cambridge (donde coincidió con Elizabeth Anscombe). Todas estas influencias se pueden rastrear en su tesis (que se convertiría en su libro sobre lógica divergente) y en su *Filosofía de las Lógicas*. De Cambridge pasaría a Warwick y en 1990 a la Universidad de Miami. Durante todos estos años, ha trabajado y tratado infinidad de temas, siguiendo sus intereses personales y ajena a modas y tendencias. Polemista infatigable, destacan sus argumentos contra Popper y Rorty. Se ha dedicado, además de a la filosofía de la lógica (donde también destacan sus escritos sobre la verdad y los límites de los formalismos), al pragmatismo, a la filosofía de la ciencia y a la epistemología (incluida la epistemología feminista).

Patricia Churchland

7 de marzo: Patricia Churchland

Patricia Churchland (1943)

Mª Rosario Hernández Borges

Patricia Smith Churchland (1943) nació en Bristish Columbia (Canadá). Después de graduarse en la Universidad de Pittsburg, realizó sus estudios de posgrado en Oxford. Desde 1967 hasta 1983, impartió clases en la Universidad de Manitoba, y desde la década de los ochenta enseña e investiga en la Universidad de California San Diego y es profesora adjunta en el Instituto Salk.

La primera vez que la vi fue en mayo de 1991, en el Salón de actos de la Kutxa en San Sebastián (Donostia), donde se inauguró The Second International Colloquium on Cognitive Science. Creo que fue en la sesión inaugural o, al menos, en una de las primeras sesiones. J. Pollock comenzó su presentación con una diapositiva en la que su cara sustituía a la del león de la Metro. No me pudo parecer más egocéntrico. Así se las gastaban aquellos a los que había leído o de los que me habían hablado durante la carrera, pensé. Y entonces, casi recién empezada la charla, se oyó una voz que interpelaba a Pollock preguntándole qué tenía que ver lo que decía con la psicología (o con las creencias). No recuerdo la respuesta, ni estoy del todo segura de haberla entendido bien, pero me impresionó esa mujer alta, delgada y enérgica que había elegido las escaleras para sentarse y que interrumpía una charla porque parecía que los términos en los que se desarrollaba la estaban aburriendo. De ella solo recuerdo ese momento y del resto de ponentes invitados solo recuerdo la blanca barba de Dennett. Mi memoria es débil.

A pesar de esta debilidad creo que la impresión que me causó no está alejada de quién es realmente. Tanto en las entrevistas que le han hecho, como en sus obras, son muchas las referencias que hace a su actitud resiliente y poco autocomplaciente que le ha permitido superar los obstáculos que se ha ido encontrando a lo largo de su vida. El primero de esos obstáculos fue por ser mujer. "Las mujeres no pueden ser ingenieras químicas" le dijeron sus profesores, tampoco se las admitía en la Facultad de Derecho. Así desaparecieron de sus opciones dos profesiones en las que había pensado. Asimismo, después de finalizar sus estudios preuniversitarios, varios de sus profesores de filosofía le desaconsejaron que siguiera estudiando en la universidad ya que las mujeres "no podían hacer filosofía". Finalmente, y en contra de las recomendaciones, solicitó una beca y se graduó en esta materia. El segundo de esos obstáculos fue por rechazar la corriente imperante en la filosofía del momento, el método de análisis conceptual. En repetidas ocasiones se queja de que su posición filosófica fue menospreciada, ridiculizada y tergiversada. Con todo, lo que al principio de su carrera parecía una anomalía en el ámbito filosófico, ha sido cada vez aceptado con mayor naturalidad.

Su posición filosófica, que se sitúa en la interfaz entre la filosofía y la neurociencia, fue novedosa desde sus comienzos. Churchland atribuye las posibilidades que tuvo para iniciarse en esta nueva forma de entender la filosofía a que, por un lado, en los años que pasó en la Universidad de Manitoba no sintió la presión de publicar en la línea de la filosofía convencional, por lo que siguió formándose en temas relacionados con las ciencias biológicas y neurológicas. Por otro lado, su origen rural explicaba cierta tendencia a no dejarse deslumbrar por la retórica o el carisma sino por la contundencia de los hechos.

El traslado de Churchland a la Universidad de California San Diego, en 1984, fue facilitado por Francis Crick, quien organizó un grupo de investigación en neurociencia en el Instituto Salk. La influencia de Crick en su carrera y su colaboración con él es sistemáticamente reconocida en las obras de Churchland. Es en esa época cuando escribe su primera gran obra, *Neurophilosophy*.

Neurophilosophy. Towards a Unified Science of the Mind/Brain, publicado en 1986, causó revuelo entre sus compañeros de profesión. Churchland fue la primera en usar el término "neurofilosofía" en una publicación. La neurofilosofía sostiene que para entender la mente se necesita entender el cerebro; es decir, que temas como la toma de decisión, la resolución de problemas, la conciencia o el autocontrol se fundamentan en mecanismos neurobiológicos. Esta perspectiva no solo supone un claro rechazo al dualismo ontológico, sino que abraza como necesaria la investigación neurocientífica para dar respuestas adecuadas a muchas de las preguntas filosóficas tradicionales. Su posición epistemológica es, por tanto, naturalista y reduccionista.

Lo que para Patricia Churchland era un giro necesario dados los avances de la neurociencia en los años setenta, significaba para la filosofía no solo la renuncia a la independencia como disciplina, sino la destrucción de la misma. Con esta posición, Churchland se enfrenta a la posición analítica dominante ya que la ve como una especulación que ignora los hechos y que no permite conocer la naturaleza de las cosas.

El reduccionismo neurocientífico no supone, contrariamente a lo que algunos de sus críticos han sostenido, la eliminación de lo reducido. La reducción de un fenómeno con cierta organización consiste en explicarlo a un nivel más bajo. No significa que ese fenómeno no sea real. Así pasa, por ejemplo, con la conciencia o el yo, fenómenos reales que se correlacionan con actividades cerebrales. Lo mismo sucede con el libre albedrío. Si se entiende como causa no causada, como un alma no física, no existe; pero si se entiende como autocontrol, en términos de rutas en el córtex prefrontal moduladas por estructuras que regulan emociones e impulsos, y que maduran por el desarrollo del organismo, entonces pueden explicarse sus causas cerebrales e, incluso, se podría aplicar a otros mamíferos.

Al tema de los orígenes de los valores morales ha dedicado su libro *Braintrust. What neuroscience tells us about morality* (2011) [el único traducido al español por ahora]. Su objetivo en esta obra es entender las bases de la moralidad a partir de la sociabilidad de los mamíferos sociales. Para ello propone que lo que llamamos moralidad se entienda como un plan para la conducta social que tiene cuatro dimensiones: el cuidado de la descendencia, el reconocimiento de los estados mentales de los otros que supone beneficios a la hora de predecir las conductas, la resolución de problemas en un contexto social (cómo deberíamos distribuir los recursos o sancionar a los malhechores) y el aprendizaje de prácticas sociales (por refuerzo positivo y negativo, por imitación...). Aunque limitados, por el momento, los estudios sobre el cerebro pueden arrojar luz a esta hipótesis.

Churchland es optimista acerca de cómo futuras investigaciones en neurociencia nos explicarán cómo somos y mejorarán nuestras vidas.

8 de marzo: Celia Amorós

Celia Amorós Puente (1944)

Mª José Guerra Palmero

Nace en Valencia y estudia Filosofía en la misma ciudad. Desde 1969 hasta 1976 será profesora de su Facultad de Filosofía. En 1976 pasará a la UNED y en 1985, coincidiendo con la publicación de *Hacia una crítica de la razón patricarcal*, obtiene la cátedra de filosofía en la Universidad Complutense de Madrid. Fue profesora invitada en Harvard y, posteriormente, será catedrática en la UNED. Junto con otras filósofas españolas representa el hito histórico de la incorporación de las mujeres a las áreas de Filosofía en los años de la transición.

Celia vino en numerosas ocasiones a la Universidad de La Laguna para conferencias y seminarios y dio carta de legitimidad a los proyectos de investigación feministas. Agradezco a Celia Amorós el haber prologado el libro que salió de mi tesis doctoral, en 1998, centrado en las críticas feministas de pensadoras como Seyla Benhabib, Nancy Fraser e Iris M. Young al pensamiento de Jürgen Habermas y, en 2004, el ser presidenta del tribunal que juzgó la tesis doctoral de Ana Hardisson titulada, en su honor, *Hacia una crítica de la imaginación patriarcal*. En 2006 nos regaló un texto magnífico, "Filosofía y feminismo en la era de la globalización", para *20 pensadoras del siglo XX*, en el que sometía a crítica al pensamiento de Donna Haraway. Celia Amorós se constituyó, dado el rigor de su hacer teórico y político, en un referente filosófico y feminista para distintas generaciones de filósofas españolas y latinoamericanas.

Celia Amorós es la impulsora de un gran proyecto de feminismo filosófico. En 1989 se inician los trabajos del Seminario Feminismo e Ilustración, cuya duración será de más de una década y que constituirá un grupo numeroso de pensadoras dedicadas a señalar el prejuicio patriarcal en la historia de la filosofía. La misma Celia publicará, en 1987, *Sören o la subjetividad del caballero,* y dirigirá muchas tesis doctorales en las que la crítica de los supuestos androcéntricos de los filósofos será el objetivo. Rescatará, asimismo, la tradición feminista racionalista e ilustrada desempolvando a Poullain de la Barre, un cartesiano que, simplemente, sacaba consecuencias del postulado de la inconmensurabilidad de las sustancias, materia y pensamiento, para sostener que las almas no tienen sexo y que cayó en la cuenta del poder férreo del prejuicio patriarcal.

El *feminismo de la igualdad*, que Amorós protagoniza junto a Amelia Valcárcel, trazaba sus antecedentes y, con ánimo ilustrado, nos traía la figura de Mary Wollstonecraft y su *Vindicación de los derechos de la mujer.* Las inconsistencias de un pensamiento supuestamente universalista

-"todos los hombres son iguales"- quedaban probadas puesto que la Ilustración se traicionaba a sí misma al negar derechos de ciudadanía a las mujeres. El "Test Wollstonecraft" fue la expresión acuñada por Celia Amorós para poner a prueba la coherencia de la Ilustración. En la mayoría de los casos, el pensamiento de los filósofos daba la parte masculina por el todo humano, si bien esta investigación de los antecedentes permitía, asimismo, señalar las excepciones de los filósofos consecuentes, por ejemplo, el pensador de la libertad John Stuart Mill. En cambio, Rousseau, Kant y Hegel, por señalar tres hitos claves del pensamiento filosófico, no salían bien parados tras el escrutinio feminista porque presentaban una universalidad usurpada por lo masculino. Amorós será, asimismo, una de las más notables especialistas en el existencialismo. Con Ana de Miguel editará los tres volúmenes de *Teoría feminista: de la ilustración a la globalización* (2005), y con Luisa Posada *Feminismo y multiculturalismo* (2007). Además de las mencionadas, en el Seminario Feminismo e Ilustración participaron Alicia Puleo, Cristina Molina, Rosa Cobo, Raquel Osborne, Rosalía Romero, Amalia González, María Luisa Femenías, Ángeles Jiménez Perona, Alicia Miyares, Teresa López y Concha Roldán.

Otras obras claves de Celia Amorós son: *Mujer, participación y cultura política* (1990), editado en Argentina y luego en México. *Tiempo de feminismo. Sobre feminismo, proyecto ilustrado y postmodernidad* (1997), *La gran diferencia y sus grandes consecuencias… para la lucha de las mujeres* (2006), con el que obtuvo el Premio Nacional de Ensayo, *Mujeres e imaginarios de la globalización* (2008), y *Salomón no era sabi*o (2014), obra en la que retoma el proyecto original de la crítica de la razón patriarcal y nos ofrece un recorrido que expurga los modos de la legitimidad patriarcal ligado al devenir de las quiebras genealógicas en la historia de la filosofía. En este momento lo estoy releyendo y recomiendo seguir su recorrido, que se inicia con Aristóteles y San Agustín y que, tras transitar por las crisis de la razón, acaba con los pensamientos disolventes de Nietzsche, Sartre y Deleuze. La genealogía y la filiación tejen filosóficamente el velo que ha repercutido en la invisibilidad y la falta de reconocimiento de las mujeres.

Diana Maffía

9 de marzo: Diana Maffía

Diana Helena Maffía (1953)

Amparo Gómez

Diana Helena Maffía es una destacada filósofa argentina, feminista y política. Con esta frase sintetizo tres características de Diana que me impresionaron cuando conocí su obra y a ella personalmente. Es una filósofa clara y profunda, una argumentadora enérgica (y una gran discutidora), que reflexiona sobre el conocimiento pero también sobre el mundo político y social que le ha tocado vivir y en el que está profundamente implicada. La política ha ocupado una posición central en su experiencia a lo largo de su vida, como ella misma destaca cuando afirma que, ya en la escuela secundaria, percibió la actitud fascista de muchos de sus profesores. Pero es que, además, estudió filosofía en la Universidad de Buenos Aires en los años de la dictadura de Videla, en los años "del crimen de Estado", en sus propias palabras. La esterilidad de los estudios universitarios en este periodo se expresa muy bien cuando afirma "La carrera era la paz de los sepulcros, y para estudiar alcanzaba la letra "H" de la enciclopedia: Hegel, Husserl, Heidegger eran casi los únicos autores estudiados".

De hecho, reconoce, aprendió filosofía cuando, terminada su carrera, entró en contacto con la Sociedad Argentina de Análisis Filosófico (SADAF), en la que conoció a destacados filósofos como Eduardo Rabossi, Thomás Moro Simpson, Raúl Orayen, o Carlos Nino. Esto lo explica en "Science Policy in Argentina during the 'Dirty War'", capítulo de un libro editado por Antonio Canales, Brian Balmer y yo misma, titulado *Science Policies and Twentieth-Century Dictatorships*.

Diana fue consciente de la discriminación de las mujeres desde muy pronto y, como ella misma ha mencionado, estaba convencida de que "argumentar era una capacidad sin distinción sexual". Su feminismo ha sido, y continúa siendo, vital y político, pero siendo ella una pensadora, profundamente intelectual y filosófico, es decir, consustancial a su filosofía.

Esta filosofía articula sin dificultad los tres ejes a los que me estoy refiriendo: el conocimiento, la política y el feminismo. Diana tuvo interés por las humanidades pero también por la ciencia desde muy temprana edad, así que, como ella misma afirma, "me instalé en las humanidades mirando hacia las ciencias". De esta manera, la ciencia y la epistemología (Gnoseología) constituyen uno de los ámbitos de su pensamiento que, sin embargo, se ha centrado especialmente en temas sociales y políticos. Su reflexión aborda el conocimiento no sólo en su dimensión epistémica, sino también política, moral y social, y siempre desde una perspectiva feminista que articula estas esferas. Así, en algunos de sus trabajos ella analiza cómo la política y la ideología afectan al conocimiento científico, la investigación y su transmisión en la universidad, y la dimensión que esto alcanza en las dictaduras.

Diana Maffía es una intelectual comprometida, honesta y filosóficamente potente, lo que la convierte en una de las grandes pensadoras, no sólo latinoamericana, sino universal, de nuestro presente.

En el terreno docente es profesora de *Gnoseología* en la Facultad de Filosofía y Letras de la Universidad de Buenos Aires, y de *Epistemología feminista* en la Maestría de Estudios de Género de la Universidad de Rosario. Ha sido directora académica del Instituto Hannah Arendt, de formación cultural y política (2004-2008), y es investigadora del Instituto Interdisciplinario de Estudios de Género de dicha Universidad, donde dirige con Dora Barrancos un programa sobre "Construcción de ciudadanía de las mujeres y otros grupos subalternos". Ha sido fundadora de la Red Argentina de Género, Ciencia y Tecnología (1994 al presente) y de la Asociación Argentina de Mujeres en Filosofía (1987-1991).

La política no sólo tiene que ver con su experiencia y su reflexión intelectual, sino con la misma actividad que ella ha desarrollado en este terreno. Esta actividad es, por un lado, "informal" dada su implicación en eventos de diverso tipo y su implicación en movimientos y luchas; pero también "formal" al haber sido Defensora Adjunta del Pueblo de la Ciudad de Buenos Aires en el área de Derechos Humanos y Equidad de Género (1998- 2003), Diputada de la Ciudad Autónoma de Buenos Aires por la Coalición Cívica/ARI(2007-2011) y miembro del Consejo Académico del Centro de Formación Judicial del Consejo de la Magistratura de la Ciudad de Buenos Aires (2011-2014). Actualmente es Directora del Observatorio de Género en la Justicia del Consejo de la Magistratura de la Ciudad de Buenos Aires.

En cuanto a su producción, es una autora prolífica con gran número de artículos, capítulos de libro y libros, además de una gran difusora en los medios de comunicación. Entre sus libros destacan: *Sexualidades Migrantes. Género y Transgénero* (2003), *Búsquedas de Sentido para una nueva Política* (2005), con Elisa Carrió, y *Un cuerpo: mil sexos (intersexualidades)* (2009).

10 de marzo: Nancy Cartwright

Nancy Cartwright (1944)

Inmaculada Perdomo Reyes

Filósofa de la ciencia y matemática. Profesora emérita, ocupó la cátedra que en su día tuvo Karl Popper en la London School of Economics. Durante muchos años también trabajó en la Universidad de Stanford siendo parte del grupo conocido como escuela de Stanford, junto a P. Suppes, I. Hacking, P. Galison y otros; también en la Universidad de California. Hoy es catedrática honoraria de varias universidades del mundo. Fue presidenta de la Philosophy of Science Association y fundadora y directora de uno de los centros de más prestigio de la disciplina: el Centre for the Philosophy of the Natural and Social Sciences de Londres.

Autora de relevantes textos de Filosofía de la Ciencia, entre los que destacan: *How the Laws of Physics Lie* (1983), *Nature's Capacities and Their Measurement* (1989), ambos publicados por Oxford University Press, y *The Dappled World: A Study of the Boundaries of Science* (1999), publicado por Cambridge University Press. Su nombre y sus trabajos figuran entre los más citados en la filosofía de la ciencia.

Conocí los textos de Nancy Cartwright cuando realizaba mi tesis doctoral sobre el empirismo constructivista de Bas Van Fraassen. Los debates entre realistas, empiristas e instrumentalistas acerca de la ciencia y la naturaleza de las leyes científicas, y el carácter constructivista de la práctica científica se convirtieron en el centro de mi investigación, y suponían una estimulante ruptura con los esquemas más tradicionales en filosofía de la ciencia.

En filosofía de la ciencia, defiende Cartwright, debemos adoptar la actitud científica y analizar los modelos de las teorías científicas, estableciendo de qué tipo son y cómo funcionan, particularmente esto último cuando las teorías son muy exitosas y tenemos más razones para creer en ellas. El éxito empírico de las mejores teorías físicas justifica la defensa de su contenido de verdad (siempre con matices), pero no su universalidad, más bien lo contrario. Los conceptos teóricos abstractos de la ciencia describen el mundo sólo a través de los modelos que interpretan esos conceptos de forma más concreta. Así, las leyes se aplican sólo allí donde los modelos encajan, y esto incluye sólo un limitado rango de circunstancias. Las leyes de la física, estrictamente, son falsas cuando se confrontan con los fenómenos. Esta afirmación le valió un buen número de críticas y la situaron como defensora de un ficcionalismo o instrumentalismo radical acerca de las leyes, especialmente de la física, y contraria por tanto a las tesis del realismo científico.

Pero es el fundamentalismo, no el realismo, lo que Cartwright combate. Un análisis detenido de los modelos y leyes de la ciencia muestra que las leyes fenomenológicas (las que son descripciones correctas de los fenómenos) tienen poco poder explicativo, y las leyes teóricas (más generales y abstractas) tienen poder explicativo pero no describen, ni lo pretenden, los fenómenos. Poder explicativo y verdad no van de la mano. Puede decirse que presentan una relación inversa.

Para ella los fundamentalistas quieren leyes verdaderas. Y quieren, sobre todo, que sus leyes favoritas estén vigentes en todas partes. Frente a ese fundamentalismo defiende, en su libro *The Dappled World* , un pluralismo nomológico, según el cual podemos concebir que la naturaleza está gobernada en diferentes dominios por diferentes sistemas de leyes no necesariamente relacionados de forma uniforme y sistemática. La imagen es la del "patchwork" de leyes, dado que vivimos en un mundo rico en cosas diferentes, con diferentes naturalezas, que se comportan de diferentes maneras.

De hecho, es posible pensar en teorías que sean contradictorias y al tiempo verdaderas, siempre que lo sean de dominios diferentes. Es la forma convencional de relatar el progreso científico la que nos dice que la física cuántica ha reemplazado a la física clásica, que los descubrimientos llevan a establecer que ésta no es verdadera y que aquella es una mejor aproximación a la verdad. Pero de hecho esto no así, usamos ambas, dependiendo del tipo de problemas que queremos resolver y del tipo de técnicas que queremos aplicar. Una visión de la Historia de la Ciencia y del modelo de progreso científico que comparto, en contra de las visiones lineales o acumulativas propias de las visiones más positivistas.

Por ello, podemos pensar que la práctica científica, el conocimiento, produce máquinas nomológicas, sistemas altamente estructurados, que dan sentido y muestran el tipo de comportamiento regular de los fenómenos que representamos en nuestras leyes científicas. Pero diferentes máquinas nomológicas pueden coexistir y las leyes sólo son aplicables en su dominio. Y nuevas máquinas nomológicas surgen a medida que refinamos, o cambiamos de perspectiva, cuando abordamos el estudio de los fenómenos. Esta es la idea que expresa la imagen del "patchwork".

Una visión de la práctica de la ciencia que la acerca a posturas constructivistas que comparto totalmente y coincidentes también con las ideas de Helen Longino en *Science as social Knowledge* (1990). Afirma Cartwright que los científicos y científicas operan como un grupo social igual que en cualquier otro ámbito, personas afectadas por motivos personales, rivalidades profesionales, presiones políticas, etc. Y que no tienen lentes especiales que les permitan ver a su través la estructura de la naturaleza. Los conceptos y estructuras que usan para describir el mundo se derivan de ideas y visiones del mismo, y elaboran conceptos que refinan y someten a la contrastación. Pero siempre la fuente, afirma, debe ser el libro de los autores humanos y no el original Libro de la Naturaleza.

Sus contribuciones a la filosofía contemporánea de la ciencia han sido muy significativas. En 2008 se publicó *Nancy Cartwright's Philosophy of Science,* con textos de destacados filósofos y filósofas de la ciencia que subrayan la relevancia de las contribuciones de Nancy Cartwright. Es por ello, para mí, una autora imprescindible.

11 de marzo: Sarah Kofman

Sarah Kofman (1934-1994)

Dácil Álamo Santana

Cuando la obra de Sarah Kofman –esta filósofa francesa de origen polaco– cayó entre mis manos, supe que había encontrado a mi autora de cabecera, el referente desde el cual quería leer e interpretar la historia de la filosofía, esa misma "Historia" que por escribirse con mayúsculas obviaba entre sus filas los nombres de mujer. Me pareció, y aún hoy lo sigo pensando, que esta pensadora estaba por descubrir, que su lectura (tal vez por la falta de traducciones de la mayor parte de su obra) permanecía a la espera de ser desplegada, sin grandes pretensiones sistémicas pero cargada de lucidez y un profundo sentido crítico.

Nació en 1934 en el seno de una familia judía de origen polaco instalada en Francia. Su último libro *Rue Ordener, Rue Labat*, escrito poco antes de quitarse la vida en 1994, rememora la deportación de su padre (el rabino Bereck Kofman) a Auschwitz, y narra en detalle sus recuerdos de infancia durante la ocupación nazi, escondiéndose junto a su madre en distintas direcciones de París. De su padre, hombre estricto en el cumplimiento de los ritos judíos, sólo conservó un objeto que recuerda haber cogido un día del bolso de su madre: la estilográfica con la que escribiría ese libro. Tal y como ella mima apunta, su recuerdo de todo aquello se convirtió en un mandato, en un imperativo que le forzaba a escribir (con esa vieja pluma): "Es probable que mis numerosos libros hayan sido vías transversales obligadas para conseguir hablar de *ello*". Escrito de una forma sencilla y directa, este relato autobiográfico sigue y remite al padre al tiempo que revela la compleja relación con la madre durante este periodo. Una madre que poco a poco se vio desplazada en favor de aquella otra mujer que las acogió en la calle Labat. Este escrito transcurre entre *dos calles y dos madres*, dualidad que representa un cambio en sus costumbres y afectos, una huida en busca de refugio y un tipo de vida ajena a las antiguas normas. Una vida en la que podía mostrar sus sentimientos y deseos, donde no tenía que sufrir las consecuencias de ser judía.

Tras la guerra, su pasión por la lectura la lleva a realizar los estudios de filosofía. Entre 1960-1970 dio clases en los institutos Saint-Sernin de Toulouse y Claude Monet de París. Tras haber publicado ya varios artículos y libros, y tras las muchas dificultades halladas en la institución universitaria, Sarah Kofman fue durante años Maestra de Conferencias y por fin, en 1991, profesora en la universidad de Paris I. Fue también profesora invitada en las universidades de Berkeley y Ginebra, donde impartió varios seminarios sobre "La mujer en los textos de Freud", que darían lugar a la publicación en 1980 de *L'enigme de la femme: La femme dans les textes de*

Freud, libro dedicado a su alumnado. En la década de los setenta participó en el *Groupe de recherches sur l'enseignement philosophique* y estuvo activamente comprometida en la fundación del *Collège International de Philosophie*. Su trabajo de tesis, inicialmente dirigido por Jean Hyppolite y posteriormente por Gilles Deleuze tras el fallecimiento del primero, fue polémicamente presentado a partir de los libros y artículos (*défense de thèse sur travaux*) que hasta el momento había publicado en torno a Freud, Nietzsche y Hoffmann entre otros.

La totalidad de la obra de Kofman –libros en su mayoría publicados en Ediciones Galilée, donde dirigió junto a Derrida, Nancy y Lacoue-Labarthe, una colección titulada "La philosophie en effet"– sorprende por el amplio campo de estudio en que se mueve. Reflexiones filosóficas alimentadas de literatura (*Don Juan ou le Refus de la dette*, 1991) y psicoanálisis, así como de un especial interés por la cuestión de la autobiografía (*Paroles Suffoquées*, 1987), por el problema y la retórica del antisemitismo, y la representación de las mujeres en los textos filosóficos (especialmente a partir del s.XVIII en adelante). Blanchot es quizás el escritor al que más admiraba, y que junto con Derrida (a quien dedica en 1984 su libro *Lectures de Derrida*), le enseñó la importancia de la escritura. Pero sin duda entre la diversidad de autores y géneros de sus textos, existe una unidad en su método de lectura en la que Nietzsche y Freud tienen un relevante papel. Más allá de intentar establecer una mera "comparación" artificiosa entre estos dos autores, la lectura de Freud atraviesa la de Nietzsche y viceversa. Y se sirve de ambos (el método es psicoanalítico y la inspiración nietzscheana) para deconstruir otros pensamientos.

Sarah Kofman se definía como filósofa y, principalmente, como lectora. Una lectora atenta y productiva que trata de renovar la lectura de los grandes textos filosóficos pero que no cree en la *verdad* de esos sistemas. Si bien no se definía con la etiqueta de feminista, de un libro a otro sus lecturas deconstruyen el sistema metafísico y, en especial, la oposición masculino/femenino en tanto que categorías esencialistas. Muestra constantemente cómo lo femenino es rebajado y las mujeres despreciadas en los textos, incluso cuando no constituyen el tema central de los mismos. Por eso los explora y analiza los discursos desde el interior, repara en las anotaciones a pie de página, las metáforas, los ejemplos, las citas, etc.; y pone de relieve las aporías, los intereses, los deslizamientos lógicos y, en suma, los puntos débiles de ese sistema que se piensa a sí mismo como puro, objetivo y ajeno a las pulsiones. Casi todos los grandes textos de la filosofía -tal y como plantea en *Aberrations. Le devenir-femme de August Comte*, publicado en 1978- incluyen un discurso en el que la mujer es más o menos rebajada y que, finalmente, remite a una posición sexual determinada (la de su autor).

En *L'enigme de la femme: La femme dans les textes de Freud* (1980) analiza la complejidad de las versiones freudianas de la sexualidad femenina, a partir de las respuestas dadas a este asunto por

Freud en su conferencia *La feminidad*. Desarrolla también este tipo de lectura a propósito de Kant y Rousseau en *Le respect des femmes* (1982), donde toma como punto de partida las categorías morales de estos autores para señalar que "el respeto hacia las mujeres" ha sido usado como un acto o un medio para otorgar autoridad y poder social al hombre. El respeto, en este sentido, como una máscara. La idealización y conversión de las mujeres en seres sublimes no sería más que la otra cara de su histórico rebajamiento. Frente a las mujeres merecedoras de respeto (la madre y la esposa), estarían aquellas otras consideradas peligrosas y posibles corruptoras de la respetabilidad masculina y que, en consecuencia, merecen ser mancilladas.

Kofman nos enseña además el valor del disfrute de la lectura y la escritura en un trabajo filosófico cuya originalidad debe ser reconocida. Reconocimiento a la innovadora tarea que emprende al abordar la economía e intereses que oculta la especulación, al recordarnos que las teorías filosóficas además de producciones históricas y sociales son también construcciones subjetivas.

12 de marzo: Diana Pérez

Diana Inés Pérez (1964)

Margarita Vázquez y Manuel Liz

Hemos estado intentando recordar cuándo conocimos a Diana, y no somos capaces. Fue hace muchos años. En los inicios de nuestras carreras académicas. Entonces coincidíamos muchas veces, en congresos y reuniones a ambos lados del océano. Ahora nos vemos menos, pero la seguimos. Nos impresionó cuando en el año 2008 nos enteramos de que la habían nombrado presidenta de SADAF.

SADAF es la Sociedad Argentina de Análisis Filosófico. Fue fundada oficialmente en 1972. Sobrevivió clandestinamente durante los años terribles de la dictadura militar y consiguió convertirse en un centro de referencia imprescindible para la filosofía. La historia de esta sociedad de filosofía es la historia de la voluntad y entusiasmo de un grupo de personas que, pese a cualquier adversidad, quisieron mantener viva la discusión filosófica profunda y comprometida. Cuando estuvimos allí invitados nos sorprendió ver que había dos generaciones de filósofas, las mayores (Nora Stigol, Gladys Palau, Cristina González, etc.) y las muy jóvenes (entre las que estaban Diana Pérez, Sandra Lazzer, Florencia Luna y Eleonora Orlando). También nos sorprendió que no había generación intermedia. En España, las filósofas y filósofos analíticas apenas teníamos referentes femeninos.

En SADAF se discutían temas que abarcaban todos los campos posibles de la filosofía, desde la lógica y la metafísica más abstractas hasta la ética aplicada y la filosofía del derecho. Se participaba con una energía y un rigor que nos resultaban ajenos. SADAF consiguió, con gran éxito, trasplantar en el ámbito de la filosofía latino-americana el estilo preciso y abierto de la filosofía analítica desarrollada a mitad del pasado siglo en las universidades anglosajonas. Y puso también de manifiesto una importante sintonía entre la reflexión rigurosa sin límites y el compromiso social y político.

Diana Pérez estudió filosofía en la Universidad de Buenos Aires, donde también se doctoró. Actualmente, es profesora de filosofía en esa misma universidad. Ha impartido cursos de posgrado en la Universidad de La Plata, UNSAM (Universidad Nacional de San Martín), Universidad Nacional de Córdoba, UNAM-México y UAM-México. Es investigadora del CONICET, donde dirige proyectos sobre filosofía de la mente y ciencia cognitiva, y ha recibido premios y reconocimientos importantes. Sus libros, artículos y contribuciones en reuniones científicas tratan generalmente de analizar la naturaleza y estructura de nuestros conceptos psicológicos ordinarios (sensación, creencia, deseo, intención, etc.) desde una perspectiva naturalista cercana al conocimiento científico más actual. Esto le ha llevado a tratar cuestiones ontológicas, epistemológicas y semánticas. Su pensamiento es siempre original. A menudo, a contracorriente de posiciones fáciles estandarizadas.

Los planteamientos de Diana son siempre críticos respecto a todo dualismo sustancialista cartesiano. Pero también son muy sensibles al hecho de que los conceptos psicológicos desde los que nos reconocemos como personas tienen su origen en el lenguaje cotidiano. Y que, por ello, ningún avance o descubrimiento científico en este campo puede ser suficientemente esclarecer si no se analiza en detalle el origen y funcionamiento de los propios conceptos psicológicos a la hora de llevar a cabo atribuciones, y auto-atribuciones, de estados mentales en el ámbito de la llamada psicología "folk".

Un buen ejemplo de todo esto es una de sus más recientes obras: *Sentir, desear, creer. Una aproximación a los conceptos psicológicos* (Buenos Aires, Ed. Prometeo, 2013). En ella, propone una novedosa teoría sobre los conceptos psicológicos abordando cuestiones difíciles relativas al problema mente-cuerpo, a la naturaleza de la conciencia, al conocimiento de las mentes de los demás, y de nuestra propia mente, a las condiciones de aplicación de los términos psicológicos ordinarios, al sentido en el que nuestras intenciones pueden ser causa de nuestras acciones en un mundo en el que parece imperar la causalidad física, etc. Todos estos problemas tienen una muy larga tradición. Y Diana interviene con argumentos profundos y honestos en las discusiones más importantes. Leer este libro es repasar la filosofía de la mente desde Descartes. Es volver a considerar las ideas de Wittgenstein y de Ryle, a los que Diana califica como sus héroes filosóficos. También es mirar al futuro. Y en el horizonte de ese futuro se perfila una importante propuesta.

Las dos perspectivas más habituales a la hora de emprender un estudio sobre los conceptos mentales, y con ello sobre la naturaleza de la mente, han sido la perspectiva de la primera persona (el "yo pienso" cartesiano, el de cada cual, a veces también un comunitario "nosotras/nosotros"), y la perspectiva de la tercera persona (inevitable a la hora de hacer ciencia). Hace tan sólo unos años surgieron nuevas opciones. Consisten en dar la palabra teórica a la perspectiva de la segunda persona. Aquí podemos destacar también los trabajos de Antoni Gomila, que ha colaborado muy estrechamente con Diana. Para ellos, la perspectiva de un "tú", o de un "vosotras/vosotros", tiene la palabra en la mayoría de los contextos prácticos. Su voz suena muy diferente de la voz de un "yo", o de un "nosotras/nosotros", o de un "ella/él/ellas/ellos". Y nos ha acompañado en el aprendizaje del lenguaje desde el primer momento. Desde luego, resulta difícil entender cómo es que no ha sido tenida en cuenta al reflexionar y hacer teorías sobre la mente.

Diana es una de las pioneras que están promoviendo tener en cuenta esta perspectiva de segunda persona a la hora de entender mejor la formación y dinámica de los conceptos psicológicos ordinarios, orientando así el conocimiento científico de la mente, de nuestra propia mente.

Hélène Cixous

13 de marzo: Hélène Cixous

Hélène Cixous (1937)

Natividad Garrido

Filósofa, feminista, literata, dramaturga y poeta francesa originaria de Oran, Argelia. Ha sido profesora, entre otras, en la Universidad Europea de Grado en Suiza y en la Universidad de París VIII en Saint-Denis (hasta 2005), donde fue nombrada Catedrática de Literatura Inglesa en 1969 tras su tesis doctoral, *L'Exil de James Joyce ou l'art du remplacement*. Institución, además, en la que funda en 1974 el Centro de Estudios Femeninos (actualmente conocido como Centro de Estudios Femeninos y de Estudios de Género). El primer centro de toda Europa que proporcionó un programa de doctorado en estudios de la mujer.

La complejidad y riqueza del pensamiento de Cixous hacen que en sus escritos coincidan filosofía, historia, antropología, lingüística, política y, también, crítica literaria. Lo que me acercó a esta filósofa fue su preocupación, su atención puntillista y su relación tan íntima con la escritura en sus propios trabajos. En su obra *Le Rire de la Méduse* (L'Arc, 1975) critica, bajo un ejercicio deconstructivo, todo el binarismo reduccionista y violento del sistema patriarcal que se apropia de la alteridad. La escritura para Cixous se convierte en el espacio privilegiado para un pensar diferente, para un "pensar otro" abierto a toda la humanidad, y en donde la mujer se da voz a sí misma a través de esa fusión entre escritura, cuerpo y vida. Esta *écriture féminine*, como la denomina Cixous, constituye una de sus aportaciones principales al feminismo, acogida con cierta polémica y por la que se la considera parte del feminismo francés radical.

Su compromiso intelectual y político la vinculan, desde temprana edad, con intelectuales franceses del siglo XX como Jacques Derrida, con quien establece una intensa amistad y afinidad reflexiva (la preocupación por la escritura, la influencia del post-estructuralismo y el psicoanálisis lacaniano), escribiendo juntos *Voiles* (Galilée,1998). También con el pensador Michel Foucault o Julia Kristeva, con quien participa en la revista Tel Quel, o el literato Jean Genet, con el cual colabora en la campaña de Mitterrand en las elecciones francesas de 1974 y analiza en uno de sus ensayos, *Entretien de la blessure, Sur Jean Genet* (Galilée, 2011). Sus experiencias personales en la Argelia francesa dentro de una familia de ascendencia judía (aunque atea), la hace protagonista y testigo de la discordia social del antisemitismo, del racismo, el exilio geográfico y los efectos del colonialismo. Experiencias, todas ellas, que la sitúan en un estado de búsqueda incansable de su propia identidad y en la conquista de nuevos espacios para manifestar otra visión del mundo posible. Así, el universo de Cixous es constantemente deconstruido y redefinido, difuminando las fronteras entre la creación filosófica, poética, literaria y dramatúrgica desde un enfoque reflexivo, crítico y político.

Amparo Gómez

14 de marzo: Amparo Gómez

Amparo Gómez Rodríguez (1954-2018)

Margarita Vázquez

Ayer empezaron a sonar los teléfonos a primera hora de la mañana. Había una noticia muy mala, horrible. Amparo Gómez acababa de fallecer. Nadie se lo esperaba.

Estos últimos días había estado muy activa, aprendiendo a manejar el sistema de videoconferencias para impartir el máster interuniversitario, telepresencial, que comenzamos este curso. Estaba ilusionada, apuntando en una hoja todos los pasos técnicos. La próxima semana le tocaban las clases y, como siempre, quería tenerlo todo bien preparado y organizado.

Así era Amparo con todo, ilusionada y organizada. Lo mismo con este mes de las filósofas, del que no podía imaginarse que iba a terminar formando parte. Cuando le hablé del proyecto se entusiasmó inmediatamente. Me propuso a la filósofa argentina Diana Maffía y, en seguida, me mandó su colaboración. Como siempre, mucho antes del plazo que le había marcado. Tenía otra filósofa asignada, una amiga cercana suya, y, aunque esa entrada se publicará a final de mes, estoy segura de que tenía el texto casi terminado.

La vida en la universidad a veces es muy ingrata: celos, rencillas, competiciones. Alguna vez, Amparo y yo tuvimos posiciones enfrentadas, pero nunca hubo una mala palabra entre nosotras ni nos falló la cordialidad. Era difícil enfadarse con ella. Y, cuando el conflicto era entre otras dos personas, ella intentaba como fuera solucionarlo.

"La docencia es para mí una actividad placentera y estimulante". Esto lo decía Amparo en una entrevista del 2013. También era así para sus alumnas y alumnos. Su actividad como profesora de filosofía en la Universidad de La Laguna ha sido larga e intensa. Siempre llena de generosidad y entrega.

Amparo nació en Canarias. Se formó en la Universidad de Barcelona. En Barcelona tuvo una beca FPU en los 80. Cuatro años después, consiguió su primer contrato como profesora en la Universidad de La Laguna, de la que pronto fue decana. Con ella como decana, se diseñó el actual edificio departamental de Filosofía. Fue una gran impulsora del Centro de Estudios de la Mujer (ahora Instituto Universitario de Estudios de las Mujeres) y su primera directora. En 1989 sacó la plaza de profesora titular de Lógica y Filosofía de la Ciencia y en el año 2004 la cátedra, en la misma área. Fue una de las primeras catedráticas de esta área en España, junto con Eulalia Pérez Sedeño, Anna Estany y María Manzano. Tras la cátedra, al contrario de lo que sucede a veces, trabajó e investigó más que nunca, consiguiendo una gran repercusión nacional y la internacionalización de su obra.

Tres líneas de investigación perfilan su trayectoria como filósofa. La primera de ellas se centra en la metodología de las ciencias sociales. La segunda línea trata sobre las relaciones entre ciencia y género. La tercera, sobre las relaciones entre ciencia y poder.

Sus trabajos en la metodología de las ciencias sociales surgen directamente de su tesis doctoral. Allí estudiaba Amparo el enfoque que hace Popper de la explicación de la acción. Inicia aquí un novedoso frente de investigación, conectando el individualismo metodológico popperiano con las teorías formales de la racionalidad surgidas en el contexto de la microeconomía (teoría de juegos, teorías de la decisión, etc.). Estamos en la última década del siglo pasado. En este periodo se incluyen numerosos trabajos, entre los que destacan dos libros: *Sobre actores y Tramoyas* (1992) y *Filosofía y metodología de las ciencias sociales* (2003).

Respecto a la segunda línea de investigación, debemos recordar que, al acabar el siglo XX, los estudios de género estaban en nuestro país en un momento incipiente. Comienzan a formarse centros de estudios sobre esta temática en muchas universidades españolas. También en la Universidad de La Laguna, como ya he dicho más arriba. Amparo participa activamente en estos proyectos, fomentando los trabajos académicos sobre la ciencia desde esta nueva perspectiva. Un libro suyo, *La estirpe maldita. La construcción científica de lo femenino* (2004), recibe en 2004 el premio del Instituto Canario de la Mujer.

La tercera línea de investigación, más reciente, se orienta al estudio de las relaciones entre ciencia y poder. Vuelve a ser aquí tremendamente novedoso el camino emprendido por Amparo. En este caso, realizado en estrecha colaboración con Antonio Canales. Con un gran apoyo historiográfico, se inician investigaciones detalladas sobre el desarrollo científico en la España inmediatamente posterior a la Guerra Civil, y sobre la planificación de la enseñanza de las ciencias. En los proyectos de investigación desarrollados en esta línea participaron historiadores especializados, particularmente en historia de la educación. Los resultados obtenidos han tenido un gran impacto. Debemos mencionar los libros *Ciencia y fascismos. La ciencia española de posguerra* (2009) y *Science Policies and Twentieth-Century Dictatorships* (2015). Este último es el resultado de la estrecha colaboración con profesores de universidades inglesas, especialmente con Brian Balmer. Cabe destacar que, desde el año 2009, es *Honorary Fellow Senior Research Associate* en el Departamento de estudios de ciencia y tecnología del University College London.

Interesarse por las ciencias sociales desde la filosofía obliga a abordar el último de estos temas, que se concreta en la llamada política de la ciencia. Hacerlo como filósofa, hace inevitable adentrarse en el segundo tema, estudiando el conocimiento científico y las instituciones científicas desde un enfoque de género. Y hacer todo esto después de haber estudiado en profundidad a Popper, implica adentrarse en los complejos problemas del individualismo metodológico frente al holismo y al historicismo, de las explicaciones "micro" frente a las explicaciones "macro", y de la defensa de los valores de la verdad, la objetividad y la racionalidad desde una epistemología que sólo reconoce un conocimiento falible, necesariamente tentativo y provisional.

Amparo aprendió que cada situación concreta abre un abanico bastante limitado de posibilidades entre las cuales debe encontrarse la decisión más acertada. Y que sólo en algo así puede consistir la racionalidad. Este es el núcleo de lo que se conoce como "lógica de la situación". En todo lo que Amparo escribió sobre metodología de las ciencias sociales, o sobre ciencia y género, o sobre ciencia y política, se encuentran ecos de esta idea. Y también la llevaba a la práctica. Se enfrentaba siempre a los problemas académicos y a los problemas cotidianos intentando encontrar la lógica de la situación. Y, para Amparo, la solución estaba siempre insinuada en la propia formulación del problema. Simplemente, había que buscarla. Todo esto puede sonar a tópico, a viejo tema de sentido común. Amparo sabía hacer que no lo fuera.

15 de marzo: Vandana Shiva

Vandana Shiva (1952)

José Manuel de Cózar

Vandana Shiva es una filósofa cuyo papel como intelectual es notorio, pero también es una reconocida activista en numerosas causas ambientales y de reivindicación de los derechos de las mujeres a nivel mundial. Nació y creció en la India a mediados del siglo XX, cuando los sistemas agrícolas tradicionales comenzaban a sufrir la presión de los nuevos modelos de producción empresariales provenientes de Occidente, y más en concreto de la llamada "Revolución verde", cuyas negativas consecuencias todavía se padecen. Su madre era granjera y su padre conservador de bosques. De ellos heredó su amor por la naturaleza, su defensa de la agricultura no industrial, y su reivindicación del punto de vista y del trabajo de las mujeres en el mundo agrícola y en la conservación de los sistemas ecológicos.

Vandana Shiva colabora con grupos y organizaciones de todo el planeta que defienden la diversidad y la integridad de la agricultura y de los entornos naturales frente a las presiones que las multinacionales ejercen mediante las patentes de semillas, los monocultivos, el empleo intensivo de fertilizantes y pesticidas, los organismos modificados genéticamente, etc. Ha participado en la creación de distintas organizaciones científicas, ambientales y educativas, y asesorado a varios gobiernos, incluido el de la India.

Nuestra filósofa es una figura destacada del ecofeminismo. Entre otras experiencias, comenzó interesándose por el movimiento chipko, dándolo a conocer al mundo. Ese movimiento, que pervive en la actualidad y que está compuesto fundamentalmente por mujeres de una región de la India, se rebeló en los años setenta del siglo XX de forma pacífica contra la destrucción de los bosques y, en general, contra las agresiones al medio rural y natural. Frente a los modelos patriarcales del "progreso", que presionan a favor de los monocultivos, la uniformidad y la homogeneidad, las mujeres se encontrarían más vinculadas a la biodiversidad, de las que serían guardianas.

Me gusta Vandana Shiva, entre otras cosas, porque la considero un ejemplo perfecto de que resulta posible investigar cuestiones filosóficas y en general académicas sin "encerrarse en una torre de marfil". Al contrario, ella ha aplicado gran parte de los conocimientos y la formación obtenida a enfrentarse a los problemas que ha encontrado en el lugar donde vino al mundo. Todo ello sin olvidar su proyección internacional, extendiendo sus puntos de vista y métodos a las situaciones que ha ido descubriendo en muchos otros países.

Además de calurosos elogios, las obras de Vandana Shiva no se libran de recibir las más variadas críticas. Defiende posiciones consideradas "radicales" por muchos. La pintan como alguien que está en contra del progreso representado por la ciencia, la industria y la tecnología modernas. Dudo que esto sea así viniendo de una autora que estudió física y que hizo su doctorado en filosofía de la ciencia. De hecho, Shiva sostiene que es el paradigma agrícola industrial el que está obsoleto desde el punto de vista científico, y no su apuesta por la agricultura ecológica, la conservación de las semillas tradicionales y la biodiversidad. Es cierto que algunas de sus afirmaciones y de los datos que maneja son controvertidos, como en el caso de su oposición al arroz dorado (producido mediante ingeniería genética) o del supuesto aumento de los suicidios entre los agricultores indios. Aunque los detalles de sus argumentos siempre puedan analizarse y discutirse críticamente, lo que compartimos cada vez más personas con ella es la idea de que la conjunción de la tecnología avanzada con el capitalismo global está llena de peligros de todo tipo, y que hay que hacer lo que esté en nuestras manos para luchar contra esos peligros.

16 de marzo: Esther Terrón

Esther Terrón Montero (1964-2017)

Rafael Herrera

"Ciertamente ya estoy muerto, pero mi muerte, como la de los astros más lejanos, no será visible hasta dentro de algún tiempo. Es lo que ocurre con todo lo que ves, no puedes distinguir lo que aún vive de lo que ya está extinto."

Esther Terrón, *Junio*

Esther Terrón estudió Filosofía en la Universidad de Granada y fue profesora de dicha disciplina en varios institutos de Tenerife. Ejerció como docente en el área de Estética de la Universidad de La Laguna y colaboró con la Escuela de Actores de Canarias. Publicó numerosos trabajos de crítica de arte y fue coautora y coordinadora del volumen de microrrelatos *Brevescien,* y autora de la novela *Junio*, ambos publicados en la editorial Idea en 2011 y 2012, respectivamente.

Esther fue una profesora decididamente comprometida con el noble oficio de la enseñanza y, como tal, figura entre el equipo de profesores que allá por el año 2012, y con más entusiasmo que medios, echaron a rodar las Olimpiadas Filosóficas de Canarias, certamen cuyo objetivo principal puede, sin lugar a dudas, calificarse de ambicioso: fomentar entre el alumnado de enseñanza secundaria el pensamiento y la reflexión crítica sobre temas que afectan profundamente a nuestra condición como seres humanos, lo cual no es poco en estos tiempos rebosantes de clichés e ideas confinadas a los estrechos límites de lo políticamente correcto.

Entre las múltiples facetas de Esther Terrón, quiero centrarme aquí en su faceta de autora de ficción, pues en su novela *Junio*, con ser una ópera prima, dejó patente Esther su gran talento y potente garra como escritora.

En mis tiempos de estudiante de Filosofía en la Universidad de La Laguna alguien me comentó, ahora creo que con acierto, que parte de la mejor filosofía hecha en España hay que buscarla en las obras literarias de diverso género escritas por nuestros poetas, dramaturgos y novelistas del pasado y del presente. Sin duda ello se debe, recuerdo que adujo mi interlocutor, a la inveterada falta de libertad de todo tipo que hemos padecido en nuestro suelo patrio para exponer, a las claras y sin ambages, tesis y argumentos filosóficos que pudieran motejarse de peligrosamente subversivos por las autoridades civiles, y no tan civiles, del momento. En aquellos tiempos poco pude aportar a tan interesante apreciación, pero ahora, con un poco más de perspectiva, tengo que dar por buena aquella opinión, y hasta me atrevería a afirmar que buena parte de las intuiciones filosóficas con las que me he encontrado como modesto aprendiz del logos, se atesoran en las creaciones de los literatos que he tenido la fortuna de leer, si bien ahora esto no me parece exclusivo de las páginas escritas en la ilustre lengua de Cervantes.

La novela de Esther Terrón no es una excepción en este sentido, y aunque no pertenece (ni lo pretende) a la categoría de las denominadas novelas filosóficas, está cargada de reflexiones y episodios que nos hacen trascender las situaciones concretas para preguntarnos por la verdadera naturaleza de la condición humana y de las no siempre genuinas relaciones que establecemos en el ámbito social. Así, *Junio* ha sido calificada como una ácida alegoría que refleja, no sin inteligente ironía, el complejo mundo de las relaciones humanas en el contexto de la sociedad contemporánea, en la que el nihilismo y la falta de autenticidad nos zarandea mientras tratamos, como la protagonista de la novela, de encontrar un sentido que justifique todo aquello que nos pasa y que tantas veces tanto contrasta con los que consideramos nuestros auténticos proyectos de vida.

La protagonista de *Junio*, que es a su vez la narradora de la historia, es una profesora de Lengua y Literatura Española de un instituto del árido sur de la isla, el IES El Pozo, denominación en más de un sentido atinada para el aciago centro educativo. Allí encontramos a nuestra heroína en un ambiente que, como tantos, resulta con frecuencia hostil y frustrante. Allí encontramos también a un curioso paisanaje que a primera vista pudiera parecer insólito, y quizás, si lo consideramos con detención, no lo sea tanto: el director Rómulo Antón, con su labio belfo y su insensibilidad a cuestas; a Gara Brito, profesora de Inglés con su descaro rayano en la ordinariez; a la enigmática Mara Tabares, profesora de Dibujo; al profesor de Historia, Juan Galacho, alternativamente servil o déspota, dependiendo del rango que atribuya a su interlocutor; a los alumnos Diego Flaco, Amira, Dunia, Omar, Wang Zhong, que acuden al instituto con sus mochilas bien cargadas de problemas familiares y carencias de todo tipo… En fin, el acontecer diario en un lugar en el que conviven personas de heterogénea naturaleza, con sus grandezas y sus miserias, sus mezquindades y su imprescindible dosis de arrojo para representar uno de los roles más difíciles de cuantos en este mundo pueden tocar en suerte: el de ser humano.

Lo que acontece en Junio no es, por tanto, privativo de un instituto de enseñanza secundaria, sino de todo ecosistema en el que deambulen seres racionales y pasionales como los que somos. Esther, en su novela, nos cuenta una historia de forma magistral, y nos enfrenta a un espejo en el que nos reconocemos como Mara, Antón, Diego, Rómulo, Gara o Amira, porque los personajes de Junio, bien que nos cueste reconocerlo, representan lo que cada uno de nosotros puede llegar a ser si nos encontramos, como con frecuencia ocurre, en contextos depravantes o, por ser más académicos, alienantes.

Al principio de la novela, Esther hace decir a Rómulo Antón, dirigiéndose a la protagonista: "Los alumnos no te dejarán dar clase, pero aprenderás cosas nuevas, cosas de las que ahora no tienes ni idea". En mi trayectoria como profesor he aprendido muchas cosas, si bien, en general, he tenido la fortuna de que mi alumnado, sí me han permitido dar clase. Conocí a Esther en 1998, año en el que hice el Curso de Aptitud Pedagógica entonces prescriptivo para quienes teníamos la intención e inclinación (yo sigo utilizando sin rubor la palabra "vocación") de dedicarnos a la enseñanza. Esther tuvo la generosidad de ser mi tutora de prácticas en el instituto en el que ella trabajaba; y digo la generosidad porque, en aquellos como en estos tiempos, muy pocos están dispuestos a asumir cargas y responsabilidades que acaso les serán agradecidas, pero no remuneradas. Me permitió asumir el rol de profesor con total confianza y sus orientaciones me resultaron útiles y estimulantes. Expliqué el método cartesiano a un grupo de alumnos de 1º de Bachillerato y la Revolución científica a otro grupo de 2º. En una de mis primeras clases, con el segundo de estos grupos, hice referencia a la teoría aristotélica del lugar natural. Al terminar la clase, Esther me dijo que, a su juicio, mi lugar natural estaba explicando en la pizarra. Para mí esta observación resultó alentadora, decisivamente alentadora, en un momento de mi vida no falto de incertidumbre y tribulaciones.

En mi trayectoria como profesor he aprendido muchas cosas: de mis compañeros, de mis alumnos y de las dificultades que he tenido que ir afrontando, con mejor o peor fortuna, en esta labor tan exigente como apasionante. En este aprendizaje el impulso y ejemplo de Esther Terrón resultaron para mí determinantes; por eso siempre contará con mi agradecimiento. Con el tiempo llegué a ser compañero y amigo de Esther, como ella, de nuevo generosamente, rubrica en la dedicatoria del ejemplar de *Junio* que conservo entre mis libros más preciados. Releer esta novela me ha hecho reeditar la excelente impresión que me produjo su primera lectura. Y me ha hecho pensar y constatar que ahora el lugar natural que ocupa Esther es el de la memoria de cuantos tuvimos la fortuna de conocerla; ese lugar de la memoria donde almacenamos los bagajes que de forma más auténtica habitaron y habitarán para siempre nuestro corazón.

Ruth Barcan Marcus

17 de marzo: Ruth Barcan Marcus

Ruth Barcan Marcus (1921-2012)

Juan J. Colomina-Almiñana

Ruth Charlotte Barcan, más conocida en el mundo académico como Ruth Barcan Marcus, nació el 2 de agosto de 1921 en el Bronx newyokino dentro del seno de una familia acomodada de origen judío. Educada en un ambiente liberal y con tendencias sindicalistas, Barcan obtuvo una licenciatura en filosofía y matemáticas por la New York University (NYU) en 1941, y un doctorado en filosofía por Yale en 1946. Tras ser la fundadora y primera directora del departamento de filosofía de la Roosevelt University (actualmente la University of Illinois at Chicago), Barcan ocupó posiciones académicas en Northwestern University y Yale, manteniendo en esta última la cátedra Halleck de filosofía hasta su jubilación en 1992. Pionera en el campo de la lógica, fue la fundadora de la lógica modal cuantificacional, revolucionó el mundo de la filosofía del lenguaje con sus ideas respecto de la referencia directa, e intervino en ética con sus conclusiones acerca de la posible consistencia de conjuntos de principios morales contrarios y su teoría objetual respecto de las creencias.

La primera referencia que tengo de la figura y, sobre todo, de la influencia de Ruth Barcan Marcus se la debo a Dora Sánchez, profesora de lógica y filosofía de la ciencia en la Universitat de València. Dora ha sido durante muchos años una referencia en lógica deóntica en España, y recuerdo una conversación que tuvimos hacia finales de 2001 en la que mencionó la teoría de Barcan Marcus en relación a lo que hoy en día se conoce como modalidades deónticas reiterativas, y cómo otras figuras masculinas dentro del mismo campo básicamente habían ninguneado sus visionarias conclusiones. Con el tiempo he descubierto que éste, lamentablemente, no es un fenómeno aislado, ni para Barcan Marcus ni para otras figuras femeninas en filosofía. La lógica deóntica es la rama de la lógica que trata sobre la obligación y la permisibidad de nuestras acciones.

El caso de Ruth Barcan Marcus, sin embargo, es particularmente sangrante. Además del mencionado caso omiso a su teoría deóntica, es más o menos conocida la injusticia que en filosofía del lenguaje ha sufrido la recepción de su teoría de la referencia directa, actualmente adjudicada tan sólo a S. Kripke y, de manera secundaria, a D. Kaplan y H. Putnam. Sin embargo, en un trabajo tan temprano como *The Identity of Individuals* (1947), Ruth ya probó de manera formal la necesidad de la identidad. Más tarde, en su *Modalities and Intensional Languages* (1961), de manera informal propuso, en contra de la tendencia descriptivista de la época principalmente promovida por las ideas de Frege y Russell, que los nombres propios carecen de contenido cognitivo y son simples "etiquetas" empleadas para referir a los objetos que denotan. En otras palabras, los nombres propios carecen de significado y pueden reducirse a una mera función referencial.

En el campo de la lógica, Barcan será siempre recordada por ser la principal promotora de la lógica modal cuantificacional. Contra las reiteradas observaciones de Quine respecto de la imposibilidad de combinar operadores modales ("necesario", "posible", "actual") con operadores cuantificacionales ("para todos", "para algunos"), Barcan demostró en una serie de artículos entre 1946 y 1947 que éstos no sólo se pueden combinar, sino que además se pueden intercambiar sin modificar el valor de verdad de las proposiciones a las que pertenecen. Es en este sentido en el que debe entenderse la fórmula Barcan: si todo es necesariamente F, entonces es necesario que todo sea F.

En *Moral Dilemmas and Consistency* (1980), Barcan defiende que los problemas y desacuerdos morales son reales, y no se deben a meras formas de hablar o a principios morales que pertenecen a diferentes códigos. En este sentido, parecería que si dos conjuntos de principios morales (códigos) fuesen contrarios deberían ser inconsistentes. Sin embargo, para Barcan esto no es así. Del hecho que en el mundo actual haya un conflicto entre dichos códigos (o alguno de sus principios) no significa que sean necesariamente inconsistentes, sino sólo que no son compatibles en este mundo al mismo tiempo. Sin embargo, nos dice Barcan, es una posibilidad que exista un mundo en donde ambos códigos puedan ser válidos y deban obedecerse al mismo tiempo sin que exista ningún conflicto ni contradicción entre ellos.

Victoria Camps

18 de marzo: Victoria Camps

Victoria Camps Cervera (1941)

Gabriel Bello Reguera

Filósofa española, Catedrática jubilada de Ética y Filosofía Política de la Universidad Autónoma de Barcelona. Su imagen pública proyecta, en el año 2008, la concesión, entre otros, del Premio Internacional Menéndez Pelayo "por su magisterio filosófico, y la influencia moral de su pensamiento tanto en España como en América". Detrás de este reconocimiento público hay dos gestos que marcan su diferencia. El primero es colaborar activamente a la liberación de la ética de su enclaustramiento en el nacional-catolicismo franquista y vaticanista, desplazándola al espacio público democrático y laico. Y el segundo, liberar a la ética del burocratismo curricular académico, mediante un discurso que, sin perder rigor conceptual, es capaz de llegar a un público amplio, filosófico y no filosófico, sobre historia de la ética, ética teórica, ética aplicada a diversas áreas (bioética, la ética de los medios de comunicación, ética política, ética feminista, etc.) y filosofía política. Fuera de la academia, además, ha colaborado con las políticas progresistas en instituciones diversas como la Comisión de Estudios de los Contenidos de Televisión del Senado, o el Comité de Bioética de España. Nada extraño, por tanto, que sea la actividad lingüística y dialógica, y no la supuestamente mental o monológica –muda en sí misma– el referente de su trabajo teórico. Por eso considera que el discurso ético es retórico y no lógico.

El imperativo metódico para sintetizar apretadamente una obra múltiple, publicada en libros y artículos de prensa, me obliga a fijarme en uno de sus escritos de referencia, *Virtudes públicas*. En él, Victoria Camps considera que la ética "habla de la justicia" porque hay desigualdad: en el trabajo, en la propiedad de recursos económicos y en la educación, cuyo efecto final es "la distribución desigual del bienestar y del sufrimiento humanos". Y es consciente de que una de las brechas de esta desigualdad opresiva e injusta es la que discrimina a las mujeres. Quizá por eso considera que la justicia es la virtud más relevante y que la virtud constituye el núcleo de la ética. Pero el significado de las tres –la justicia, la virtud y la ética– es huidizo pese a tanta definición teórica de que ha sido objeto a lo largo de la historia de la ética, que nuestra autora ha rastreado como nadie en el ámbito hispanohablante.

Se hace eco del significado de la virtud en Aristóteles como disposición o hábito de acción y como excelencia humana. Pero inmediatamente añade que el aristotelismo es imposible en la actualidad porque ya no hay manera de "cualificar" universalmente la vida buena o excelente, la vida feliz, ya que la felicidad puede entenderse en el plano individual o en el público: como justicia. Y la armonía entre lo individual y lo público, que es posible en una comunidad (supuestamente) homogénea como la ateniense o la cristiano-católica, es imposible en un mundo donde la individualidad o privacidad está diversificada, como en las democrcracias pluralistas postmodernas. La única manera de aproximarse a una armonía mínima privado/público es en la acción democrática o dialógica, orientada a la construcción de hábitos o disposiciones comunes que hagan sostenible la convivencia. Quizá por eso Victoria Camps opta por las "virtudes públicas" que la distancian, por un lado, del discurso abstracto sobre "la virtud" y, por el otro, de la virtud privada.

Además de la brecha privado/público, nuestra filósofa aborda otro foco de tensión: la diferencia en el significado de la virtud en los hombres y en las mujeres. Retoma el hecho histórico de que la palabra "virtud" proviene de la latina "virtus" que, por su parte, se forma a partir de otra más originaria, "vir", que significa varón o macho. Por eso "virtus" significa, etimológicamente, virilidad o valor viril: la fuerza física reconvertida en valor psicológico o coraje, de expresión diversa, como el valor militar o valentía, o el valor moral. Un valor viril que, además –como dejó claro Aristóteles en su Política–, incluye el poder exclusivo de definir lo que es bueno y malo, justo e injusto, etc., que, como es obvio, llevan la huella de su origen. Por eso las virtudes atribuidas a sí mismos por los varones, como la justicia, son moralmente más valiosas que las atribuidas a las mujeres que, al estar, como el cuidado, articuladas en torno a la debilidad, opuesta a la virilidad, no sólo carecen de valor moral, sino que pueden ser consideradas –por ellos– negativas.

Quizá como efecto de las dos dificultades anteriores, Victoria Camps señala que en la ética contemporánea la palabra "virtud" ha ido cediendo espacio discursivo al término "valor". En estas circunstancias cabe preguntarse si es posible universalizar o comunalizar humanamente un significado único de la virtud y, por tanto, de la ética. Su respuesta es un tanto difusa, debido a los dos focos de tensión aludidos, pero no deja de ser sugerente. A pesar de su inmersión en la historia de la ética, no se identifica con ninguna de sus corrientes más relevantes como la aristotélica, la kantiana, o la utilitarista, aunque tome elementos de todas ellas. Por ejemplo, la noción de libertad de Stuart Mill, cuyo libro, *On liberty*, es uno de los que más aprecio le merecen. También ha recorrido los conceptos básicos de la teoría ética que –en mi precipitada opinión– son el sujeto, la acción, el juicio moral sobre ambos (positivo o negativo) y los criterios a los que ha de atenerse el juicio. La virtud es/era uno de estos criterios cuando permitía juzgar a alguien como virtuoso o vicioso, siempre que ese lenguaje tuviera lugar en una comunidad moral homogénea y monológica: entre amigos morales.

En esta encrucijada Victoria Camps reconoce que la ética contemporánea es emotivista, lo cual plantea el problema del "gobierno de las emociones" tanto a nivel individual como público. La pregunta, ahora, es: ¿desde qué ética es posible ese gobierno? En la respuesta se sugieren dos aproximaciones. Una a cierto neoaristotelismo a través de Alasdair Macintyre, que reúne la ética y la poética de Aristóteles para proponer una ética "narrativa" –no argumentativa al estilo conceptual o lógico-formal–. Narratividad que el autor hace extensiva a toda la vida humana y su expresión conversacional, caracterizada, entre otras cosas, por los "efectos" que produce en la identidad humana, individual y común. El problema es que, como el mismo autor reconoce, esa deseada comunitariedad o comunalidad humana no existe (ni se la espera) salvo en comunidades pequeñas, universalmente irrelevantes.

La narratividad y su poder causal, eficaz, eficiente o efectivo, visibiliza la relación causa-efecto, que sustituye a la relación sujeto-objeto en la representación del lenguaje. Pues bien, esta imagen es solidaria o paralela con la pragmática lingüística, a través de la que Victoria Camps comienza su larga andadura filosófica, a partir de autores como el segundo Wittgenstein y Austin. Uno con su teoría del significado de las palabras a partir de su uso en las prácticas lingüísticas, siempre en el contexto de diversos juegos de lenguaje con sus propias reglas. Y el otro con su teoría de los actos de habla que introduce expresiones como "hacer cosas con palabras": por ejemplo, las cosas morales y políticas que, si no fuera por ellas –las palabras que hacen cosas– no existirían.

A partir de este interés inicial por la pragmática lingüística, llega un momento –desconectado de forma explícita del anterior pero conectado subtextualmente– en el que Victoria Camps se aproxima al pragmatismo del que apunta un par de aspectos relevantes. Uno es lo que denomina "el tono de nuestro tiempo: la abolición de los trascendentales, la desconfianza con respecto a los absolutos, la ausencia de grandes sistemas y la concentración en narraciones, microteorías o discursos fragmentarios". Y el otro, que vincula explícitamente a la figura de Richard Rorty según el cual "cualquier estrategia –la filosofía, la poesía, la ciencia, la política– es buena para alcanzar lo humano".

En esta dirección, entre neoaristotélica y pragmatista, Victoria Camps resalta y pone en valor –moral, por supuesto– la apertura a horizontes desconocidos, movilizando "todo lo que signifique poner el acento en la diferencia, no reducir la persona a puras generalizaciones de intereses, construir dimensiones públicas o políticas que no destruyan la diversidad de cada uno, o fundar en la diversidad de criterios de validez más generales".

Por lo demás relega a un segundo plano el uso de la palabra "subjetividad" en su acepción individualista, propia de una conciencia encerrada en su propio espacio interior o intrapsíquico. Y la sustituye por la palabra intersubjetividad, desplegada en (inter)comunicación, diálogo o conversación, en cuya actividad (actos de habla, acciones comunicativas, etc.) se cuecen los consensos y disensos sobre juicios morales y sus criterios básicos como la justicia y la virtud, el bien y el mal, lo correcto y lo incorrecto, etc., más allá de toda aspiración a una solución universalista o trascendental. De esta forma Victoria Camps se sitúa en el polo opuesto del platonismo y kantismo y su larga herencia, donde lo primero era el alma individual (espíritu, mente, razón, etc.), conectada a un mundo ideal, fuente del sentido y de la significación humanas, y, al mismo tiempo, desconectada del cuerpo y sus partes vergonzosas. Un alma, además, en diálogo consigo misma –diálogo interior– a partir del cual surge, o no, el diálogo exterior, la comunicación con los otros, siempre como algo secundario. Ello explica el rechazo de nuestra autora del solipsismo cartesiano-kantiano de un yo racional absolutamente cierto de su poder cognitivo autónomo y, por lo tanto, absolutamente seguro de su moralidad. El resultado final de la dialéctica filosófica interior/exterior es, para Victoria Camps, un sujeto moral semiautónomo o relativamente autónomo, lo cual no quiere decir que ese yo sea absolutamente heterónomo, sino sólo relativamente. Debidas ambas relatividades a la inevitable presencia lingüística del otro.

Frente a las viejas aspiraciones a la absolutez de la certeza y la validez universal de los juicios morales –el "sueño de la razón"–, que considera obsoletas, reivindica la contingencia del discurso ético y sus diversos y complejos significados, en el sentido sugerido por la narratividad que reconstruye Macintyre, entre poética e histórica, y la incertidumbre de las microteorías y las fragmentaciones discursivas que asocia al pragmatismo. Así se mantiene fiel a sus inicios en *La imaginación ética*, donde asigna a la tarea moral y ética "un carácter, por encima de todo, trágico".

Lo cual no es óbice para proseguir la conversación. El lenguaje, materializado en el diálogo, no refleja el mundo, sino que lo trasciende y eso hace sostenible la ilusión de poder cambiarlo.

19 de marzo: Ayn Rand

Ayn Rand (1905-1982)

Laura García Díaz

Alisa Zinóvievna Rosenbaum, mejor conocida como Ayn Rand, fue una filósofa y escritora que dedicó su vida a defender, principalmente, la libertad. Sin embargo, en nuestros días, su pensamiento ha sido desvirtuado y entendido como una elevación del individualismo a la categoría de fe religiosa y una ferviente defensa del egoísmo. En este mes de marzo, en el que homenajeamos a algunas de las filósofas más relevantes del siglo XX, he querido que hubiera también un hueco para una pensadora que se atrevió a ir más allá de lo que se esperaba de ella, y a defender el valor de la vida humana y su derecho a buscar la propia felicidad, frente a la moralidad cristiana y al estereotipo femenino altruista y relegado a las tareas de cuidado.

A pesar de haber pasado la mayoría de su vida en Estados Unidos, Ayn Rand nació en la Rusia Soviética. Vivió tanto la Revolución de Febrero como la Revolución Bolchevique, y para escapar de los combates huyó con su familia a Crimea. Al regresar, inicia sus estudios de filosofía e historia en la Universidad de San Petersburgo. Más tarde, motivada por su admiración por el cine, se inscribe en el Instituto Estatal de Artes Cinematográficas. En 1926 consigue salir de Rusia con la excusa de visitar a unos familiares en Chicago, pues su modo de vida había empeorado desde que expropiaron a su padre su negocio de farmacia. Entendía que Estados Unidos era un país formado por hombres libres, donde la libertad y los derechos naturales actuaban como freno del poder del Gobierno, a diferencia de Rusia, donde el bienestar del individuo era sustituido por el bien de la comunidad. Rand consideraba que el comunismo ponía en peligro el Estado de Derecho, la democracia, el mercado y, sobre todo, los derechos individuales. Estas ideas fueron plasmadas en sus primeras novelas: *Anthem* (1938) y *Los que vivimos* (1936). *Anthem* es un relato en el que Rand nos muestra el efecto del comunismo en los individuos. Se trata de una historia futurista en la que un comité de sabios se encarga de predeterminar la vida de los seres humanos, que pierden su nombre y pasan a ser identificados con un número hasta que uno de los personajes se rebela al descubrir la palabra «yo». En *Los que vivimos* Rand muestra, a través de Kira, su alter ego, su visión de Rusia y del comunismo como un sistema en el que se anula la capacidad crítica de los individuos.

A pesar de la relevancia y riqueza de estas primeras obras, el pensamiento de Rand termina de concretarse en *El manantial* (1943) y en *La rebelión del Atlas* (1957), obras en las que explica su filosofía, el objetivismo, que entiende, entre otras cosas, que la realidad existe de forma objetiva y que los hechos son independientes de nuestros sentimientos, deseos y temores. *El manantial* narra la experiencia de un arquitecto que, defendiendo sus ideales y manteniéndose fiel a sus principios, es tachado de egoísta. En *La Rebelión del Atlas* nos muestra la racionalidad como motor del mundo. De nuevo recurre a la distopía y nos hace imaginar un escenario en el que los emprendedores, especialmente los empresarios, acusados de egoísmo y avaricia, abandonan sus responsabilidades. Así, nos invita a pensar y valorar los peligros que ve en el socialismo para los logros de la civilización, pues considera que supondría el adormecimiento de los individuos y el olvido de nuestros propios fines en beneficio del bien social. Y es que Rand entendía que era la vida lo que fundamentaba nuestros derechos, para esta autora cada individuo debe poder elegir racionalmente los valores que rigen su vida. Además, considera que cada individuo tiene derecho a existir para sí mismo y no tiene por qué sacrificarse por los demás, así como tampoco debe sacrificar al resto por su propio beneficio ni utilizar forma alguna de violencia sea cual sea el fin que se defienda.

En definitiva, Rand se ocupa de defender el valor de la vida, el derecho de existir y de hacerlo como mejor consideremos, ideas que se relacionan con el individualismo y el capitalismo pero que, en realidad, lo que pretenden es socavar la idea de que el individuo no es nada sin la sociedad y que son los fines de ésta los que deben prevalecer como ideales. Más allá de tachar todo aquello que viene de la mano del individualismo, podríamos recordar que éste supone una defensa de la libertad. El Estado debe garantizar el derecho a la vida, la libertad y la propiedad, y el resto es una cuestión de elección. Quizás esta es una de las ideas que pueden hacer de Rand una autora relevante para el pensamiento feminista, pues plantea que ningún ser humano tiene por qué servir a los demás; éste sólo tiene como fin la búsqueda de su felicidad.

Donna Haraway

20 de marzo: Donna Haraway

Donna Haraway (1944)

Miriam Hernández Domínguez

Donna Haraway (1944), filósofa y bióloga, es una de las pensadoras más destacadas de nuestro tiempo. Sus reflexiones en torno a la naturaleza, por ejemplo, no dejan de sorprender ni siquiera con el paso de las décadas. La relevancia de sus planteamientos y el desarrollo de las raíces del cyberfeminismo hacen inabarcable la tarea de enumerar las repercusiones de su pensamiento.

En su *Promesa de los monstruos* (1999), Haraway habla de la naturaleza como un imposible que no se puede dejar de desear. Esta sentencia resulta esencial para aproximarse al concepto de naturaleza que defiende la autora; implica una comprensión de la naturaleza como algo discursivo, que remite a la diversidad de construcciones sociales. Siguiendo las propuestas de Haraway, la naturaleza sería algo así como el "locus" donde acontece la (re)construcción de lo social, es decir, la naturaleza es artefacto y, por tanto, mutable. Esto supone una crítica implícita a la normativización de la naturaleza que, en última instancia, motiva la dominación de lo inapropiado. Esta teorización de la naturaleza nos permite trazar puentes con la naturalización de las relaciones de poder. La invocación de lo "natural" ha permitido, por ejemplo, justificar la opresión de la mujer o la persecución a lo no-heteronormativo, pero, también, el definir a los pueblos colonizados como "naturales" ha justificado su explotación. En definitiva, el "artefactualismo" semiótico-material se presenta como desafío a los límites construidos en torno a lo animal, lo humano o la máquina, que han sido trazados a partir un proceso cómplice con los usos pragmáticos de la naturaleza para justificar las dominaciones sociales.

Concebir la naturaleza como lo discursivo añade una novedad al planteamiento de las fronteras. Este análisis de Haraway no deja indiferente a nadie. La "artefactualidad" que atribuye a la naturaleza, y que le permite acentuar la potencialidad de la situación fronteriza, resulta un planteamiento, cuanto menos, llamativo. Considero que el valor de la filosofía de Haraway reside en el intento de dar coherencia y unidad al conjunto de sus consideraciones políticas, epistemológicas y ontológicas. Las reflexiones de Haraway parecen atender a la división tripartita desarrollada por Felix Guattari en *Las tres ecologías* (1990). Haraway da respuesta a su propuesta de ecología medioambiental (que se refiere a la responsabilidad y gestión colectiva de las tecnociencias) apostando por la aparición de las identidades fracturadas en el desarrollo de la ciencia. También se ocupa de lo que Guattari denominó "ecología social" o "ecosofía social", con la que se refiere al desarrollo de prácticas concretas que permitan reconstruir la forma de ser-engrupo. Esto supondría, en la línea de Haraway, la reivindicación del "ciborg", de un mundo "ciborg" que podría tratar de realidades sociales y corporales vividas en las que la gente no tiene miedo de su parentesco con animales y máquinas. La autora también da respuesta al último concepto que compone la apuesta trinómica de Guattari: la ecología mental, que se verá obligada a reinventar la relación del sujeto con el cuerpo, el fantasma, la finitud del tiempo, los "misterios" de la vida y de la muerte.

Estos planteamientos son trazados por Haraway en su denuncia de la producción biocientífica, que no puede estar al margen del vínculo inextricable con lo ético-político. Combatir la uniformización "mass-mediática" o la opresión de los cuerpos pasa por estrechar lazos y alterar fronteras. En resumen, el valor que otorgo al discurso de Haraway parte de su capacidad para manifestar el cambio que se ha producido en nuestra ecología social, mental y ambiental. Sin embargo, Haraway no deja de hacernos ver que la biotecnología se encuentra bajo el poder biocapitalista transnacional. Propone, por el contrario, considerar esas nuevas tecnologías como liberadoras, en tanto que suponen una superación de los límites entre lo animal, lo humano y lo "maquínico", si las situamos en otro marco político y económico.

Genovera Martí

21 de marzo: Genoveva Martí

Genoveva Martí (1956)

Manuel Liz y Margarita Vázquez

Conocimos a Genoveva en un congreso mundial de filosofía. Fue en Boston en 1988. Vio en el programa que éramos españoles y fue a vernos y saludarnos. Nos contó que era profesora en la Universidad de Washington, en Seattle, y que había hecho su tesis en Stanford. Nos impresionó, no tanto su curriculum siendo tan joven, como su gran cordialidad. Desde entonces, hemos coincidido aquí y allá y seguido su trayectoria académica e investigadora.

La proyección internacional de Genoveva es deslumbrante. Estudió filosofía en la Universidad de Barcelona. En 1989, se doctoró en la Universidad de Stanford. Además de ser profesora en la Universidad de Washington, lo ha sido en la Universidad de California, en la London School of Economics y en la Universidad de Western Ontario. Actualmente es profesora en la Universidad de Barcelona e investigadora del ICREA. Es una componente muy activa del grupo LOGOS (grupo filosófico de referencia en España).

En 2012 recibió de la Generalitat de Catalunya la Medalla Narcís Monturiol al mérito científico y tecnológico. Desde 2009 es miembra electa de la Academia Europaea, donde, en el año 2017, fue elegida presidenta de la Sección de Filosofía, Teología y Estudios Religiosos. Y durante el 2013 y el 2014 fue, también en Barcelona, Directora Académica de la Academia Europaea Knowledge Hub.

El principal tema de investigación de Genoveva es esa extraña relación entre el lenguaje y el mundo que nos permite decir que ciertas partes de nuestros lenguajes, ciertas palabras y expresiones, se refieren a ciertas partes del mundo. Se trata de un tema de investigación altamente teórico. Pero, sin duda, es también un tema de interés muy cercano. En su clásico manual de lógica, el utilitarista Stuart Mill dedicaba un amplio primer capítulo al análisis del lenguaje, desarrollando una influyente concepción sobre la referencia. Y justificaba esta dedicación basándose en criterios de utilidad. A veces, lo que parece más especulativo y abstracto tiene consecuencias cruciales en nuestras prácticas más concretas.

Abordar en profundidad las relaciones entre el lenguaje y el mundo requiere adentrarse en los territorios salvajes que se extienden entre la filosofía, la lingüística y la ciencia cognitiva. Esto ha hecho Genoveva en numerosas publicaciones. Sus numerosas publicaciones se encuentran en las más prestigiosas editoriales relativas a esos tres campos.

La concepción de la referencia que tradicionalmente ha tenido mayor peso en los análisis sobre el lenguaje sostiene que nuestras perspectivas cognitivas subjetivas (nuestras creencias, conceptualizaciones, etc.) determinan a qué se refieren nuestras palabras. Frente a dicha concepción, Genoveva defiende enfoques no subjetivistas. Lo que hace que las palabras que usamos sean capaces de referirse a ciertas partes del mundo no son algún tipo especial de estados subjetivos internos a nuestra mente. La referencia está determinada por factores contextuales, causales o sociales. En cualquier caso, está determinada por factores externos a nuestra mente.

En los últimos años, es cierto que las explicaciones externistas de la referencia han pasado a sustituir a la vieja tradición internista. La ortodoxia cambia. Y es muy fácil dejarse llevar por la moda. Pero en Genoveva, los argumentos llevan las riendas.

La búsqueda de una adecuada teoría de la referencia, más en general de una teoría del significado, ha marcado el destino de la filosofía analítica desde sus mismos inicios. A veces, la preocupación por estas cuestiones es considerada una frivolidad filosófica. Incluso puede oírse también la palabra irresponsabilidad. Pero el lenguaje ha hecho de nosotros lo que somos. Nuestras vidas están llenas de palabras. Y pocas cosas pueden ser más importantes que saber qué estamos haciendo cuando decimos algo.

Genoveva Martí, junto a Mª José Frápolli, Esther Romero, Paca Pérez Carreño, Pepa Toribio, Concha Martínez Vidal, Cristina Corredor y María Cerezo, forma parte de una importante generación de filósofas y filósofos que han conseguido hacer visible la filosofía analítica española dentro y fuera de nuestras fronteras.

Seyla Benhabib

22 de marzo: Seyla Benhabib

Seyla Benhabib (1950)

María González

Nacida en 1950 en Estambul, Turquía, Seyla Benhabib es una filósofa y politóloga, considerada una de las teóricas feministas más influyentes de la actualidad. Compagina su labor de investigadora con su trabajo como docente de Ciencias Políticas y Filosofía en la Universidad de Yale, donde además es directora del Programa de Ética, Política y Economía, y ocupa la Cátedra Eugene Meyer de Ciencia, Política y Filosofía. Benhabib ha consolidado su carrera como docente e investigadora en otras muchas universidades e instituciones, como la New School de Nueva York, la Universidad de Harvard o la Universidad de Boston. Desde 2006 hasta 2008, ocupó la presidencia de la División Oriental de la American Philosophical Association y, desde 2002 hasta 2008, dirigió el programa Ethics, Politics and Economics.

Sus influencias se agrupan en los dos grandes ámbitos de pensamiento que conforman su horizonte teórico: la teoría crítica contemporánea y la teoría feminista. En este marco, definido progresivamente y de forma dinámica, autores como Hannah Arendt, Iris Young, Jürgen Habermas o Herbert Marcuse se afirman, para Benhabib, como referentes teóricos para llevar a cabo su objetivo de responder a la funcionalidad de la teoría feminista contemporánea en el pensamiento del presente ético-político internacional y sus contradicciones. Su metodología es la de un diálogo transversal y de pretensión unificadora, entre las distintas posiciones que definen el mapa actual del pensamiento político, como el comunitarismo, el posmodernismo y el universalismo. De este modo, Benhabib parte siempre de la identificación de corrientes o pensadores y pensadoras a lo largo de los siglos XIX y XX, en los que encuentra claves y espacios para reflexionar sobre lo contemporáneo.

En una época de fragmentación y cuestionamiento de la validez universal de la ética y la legalidad, Benhabib defiende que el universalismo y el proyecto ético y legal de la Modernidad sigue siendo un núcleo de mejora social, que aún se puede repensar rellenando sus carencias y negaciones en conjunción con la teoría feminista contemporánea. Benhabib pretende incluir las categorías de la teoría feminista en conexión con la visión ética liberal de la universalidad. En esta pretendida conexión, la teoría feminista sería el conjunto de herramientas teóricas para responder a una dicotomía que funciona como base y sobre la cual se articulan el orden social y la agencia ética y legal del panorama político actual. En concreto, se trata de la contraposición a subvertir entre la "justicia" y el "cuidado", es decir, entre el espacio público o la esfera de la moral universalizable y el espacio privado y doméstico, definido por la ausencia de presencia pública y capacidad política.

El espacio público o de la justicia se define con los teóricos modernos como el ámbito de justificación del orden social constituido por dos elementos, la cooperación y los derechos individuales. Este es, como diagnostica Benhabib, el espacio de sujetos autónomos, hombres libres con un espacio de decisión personal en el cual se convierten en sujetos agentes. Por el contrario, el espacio doméstico o privado abarca un campo entero de actividad humana que, en tanto que excluido de las consideraciones morales y políticas, pasa ser considerado natural y no social ni político. Es la esfera donde únicamente la mujer puede definirse como sujeto. La crianza, la reproducción, el amor y el cuidado forman un área definida como femenina de forma cada vez más restrictiva conforme se desarrolla la sociedad moderna.

Esas negaciones y carencias construyen progresivamente la identidad de la mujer como privada y las afirmaciones paralelas definen al hombre como sujeto público. Esta dicotomía entre justicia/ publicidad y cuidado/intimidad, conforma la construcción del yo, es decir, del sujeto masculino autónomo que debe afirmase contra la amenaza constante del otro. Así es como Benhabib define las dos categorías fundamentales a lo largo de su producción bibliográfica, que representan a la vez las dos perspectivas morales con las que la autora propone definir los espacios de interacción y agencia en la sociedad contemporánea: el "otro concreto" y el "otro generalizado". Estas dos categorías o perspectivas reflejan el orden antagónico de la Modernidad, así como su potencialidad y posibilidades.

Por un lado, el "otro generalizado" consiste en la perspectiva moral con la que un individuo es considerado racional y autónomo, o, dicho de otro modo, es la visión de los demás según la cual su identidad moral se define por lo que tiene en común todo sujeto o ciudadano como agente moral. Esta perspectiva construye una relación con el otro de igualdad y reciprocidad, limitada por normas kantianas. Por otro lado, el "otro concreto" supone una perspectiva moral en la que el otro es entendido como resultado de una identidad cultural e histórica concreta y, por consiguiente, incide en la individualidad de cada sujeto para construir una relación de reciprocidad complementaria y de reconocimiento específico, definida por normas de cuidado y de relación emocional fuera de la legalidad.

El diagnóstico de esta dicotomía y su expresión como perspectivas morales permiten abrir un espacio para desarrollar la citada pretensión teórica de Benhabib que, según sus propias palabras, corresponde a contextualizar lo universal. Es decir, introducir el reconocimiento de los grupos excluidos del espacio público y jurídico como las mujeres, los inmigrantes o las minorías culturales en el marco de la universalidad moral impuesta por elementos a los que, al mismo tiempo, no queremos renunciar, como la democracia o los Derechos Humanos Universales.

Seyla Benhabib es autora de varios libros sobre la teoría feminista y política contemporánea, como *Crítica, norma y utopía* (1986), *Teoría Feminista y Teoría Crítica* (1989), *Las Reivindicaciones de la Cultura. Igualdad y Diversidad en la Era Global* (2002) o *El ser y el otro en la ética contemporánea: feminismo, comunitarismo y Posmodernismo* (2006), entre otros.

Ángela Sierra

23 de marzo: Ángela Sierra

Ángela Sierra González (1945)

Mª José Guerra Palmero

Nuestra filósofa canaria nació en Caracas, Venezuela, que durante el siglo XX fue la "octava isla" canaria, dada la inmigración masiva que se dio en la década de los cuarenta y cincuenta hacia allá, por parte de los isleños. Esa inmigración hizo que surgieran lazos comerciales y afectivos que se fueron tejiendo en las idas y venidas a través del Atlántico. Ángela Sierra nunca ha dejado de sentir con fuerza los avatares venezolanos.

Su pasión por toda Latinoamérica, pasión que compartimos, la llevó a fundar en la Universidad de La Laguna el Centro de Estudios Latinoamericanos junto con María Lourdes González Luis. Hemos sido muchas veces compañeras de viaje en Colombia, Argentina, Perú y, sobre todo, México. Países en los que nos sentimos como en casa, porque ambas tenemos grandes amigas y amigos, a los que no puedo dejar de citar, como Germán Londoño, Marieta Quintero, María Luisa Femenías, Teresa Arrieta, Dora Elvira García, Griselda Gutiérrez, José Mendívil y Salvador Arellano entre otros y otras. No en vano, Ángela ha sido el alma de la propuesta de Campus América que se desarrolló en la Universidad de La Laguna en octubre de 2017, y en el que tuvimos la alegría de reunirnos en torno a foros de debate sobre violencia política, derechos humanos y migraciones. La búsqueda de la paz y el proceso colombiano tuvieron protagonismo indudable en esta efeméride.

Ángela Sierra estudió Derecho y Filosofía en Barcelona, en los años previos a la transición. Su implicación política en el antifranquismo fue una constante, militando activamente. Su tesis la dirigió Emilio Lledó, profesor y especialista en los griegos, que, antes de recalar en Barcelona, había suscitado mucha expectación en la Universidad de La Laguna. A él le corresponde la apertura de la Filosofía española a la alemana, a la hermenéutica, al final del franquismo. Lledó fue, años después, nombrado *Doctor Honoris Causa* en la universidad lagunera. Durante décadas, Ángela ejerció de abogada y es sobresaliente su actuación en casos de divorcio. Ahora se habla de perspectiva de género en la asistencia letrada, ella la tuvo y la aplicó desde el principio. Gran parte de su sabiduría práctica y de su labor pacificadora la relaciono con esta loable actividad suya.

El pensamiento utópico y la filosofía griega han sido los temas más destacados de la obra filosófica de Ángela Sierra. En 1987 publica *Las utopías. De los estados soñados a los estados reales*, y *Los orígenes de la ciencia de gobierno en la Atenas clásica* en 1992. Fue profesora del departamento de Filosofía y decana de la Facultad durante dos periodos en los que trabajé junto a ella, y con Margarita Vázquez como vicedecana, en un equipo sólo de mujeres, lo que según la prensa del momento era una novedad. Ha colaborado, asimismo, con numerosos proyectos de investigación liderados por la filósofa del Derecho Cristina Sánchez de la Universidad Autónoma de Madrid. Hace unos años fundó la Cátedra *Hercritia* (ULL-UNED) junto a Teresa Oñate y el despliegue de su labor editorial y académica no ha cesado nunca.

Junto a la vertiente filosófica, la política y la feminista tienen que ser añadidas. Ángela fue eurodiputada por Izquierda Unida desde 1994 a 1999 y una de las feministas históricas del movimiento en Canarias. Representa, junto con otras activistas y pensadoras, la generación pionera. Un aspecto no suficientemente analizado del movimiento feminista es su carácter intergeneracional y cómo las mayores, en los años de la Transición, organizaban una escuela informal para las más jóvenes, en las que leíamos, aprendíamos y discutíamos de política, filosofía y feminismo. Ángela, en concreto, fue una maestra del feminismo socialista y le agradezco su colaboración en la obra *20 Pensadoras del siglo XX* (2006) sobre la gran Alexandra Kollontai. En una Facultad de Filosofía, cuando yo estudié, era junto con otras dos jóvenes profesoras, Ángeles Macarrón y Teresa Gónzalez de la Fe, la referencia indiscutible de la posibilidad de la existencia de esa figura aún improbable: la filósofa. Apenas sabíamos de la existencia de mujeres filósofas en un canon que iba de Platón a Sartre. La incorporación de las mujeres a la filosofía en España aún está por narrar y Ángela Sierra tiene su papel en ella.

De hecho, yo conocí a Ángela Sierra cuando tenía diecisiete años, de la mano de mi profesora, otra maestra de filosofía feminista, Ana Hardisson. Estudiaba el último curso en el Instituto. Asistí a varios encuentros que se celebraran en su despacho, en Santa Cruz de Tenerife, en los que se desarrollaba un club de lectura que me abrió un horizonte nuevo y claves interpretativas de mi propia vida y de la sociedad en la que vivíamos, por los años ochenta del siglo pasado. Recuerdo, especialmente, la sesión dedicada al libro de la escritora catalana Esther Tusquets *El mismo mar de todos los veranos*, publicada en Anagrama, en la que la ruptura con los moldes obligatorios para la felicidad de las mujeres se quebraba. En los últimos años, Ángela Sierra ha dirigido una colección de Filosofía en la editorial catalana Laertes, que dirige Carmen Miret, promoviendo el análisis de cuestiones que van desde la filosofía griega, el pensamiento de Foucault, hasta los análisis del populismo. Ha sido toda su vida una líder organizativa nata, un sin parar de activismos diversos y siempre ha cultivado, con sus amigas y amigos, ese secreto Jardín que identificamos con Epicuro, uno de sus clásicos más queridos.

24 de marzo: Judith Butler

Judith Butler (1956)

Ana Isabel Hernández Rodríguez

Judith Butler, filósofa estadounidense y profesora en la Universidad de California, es una teórica fundamental de la pluralidad, y enorme complejidad, tanto de los feminismos de los siglos XX y XXI como de los análisis de aquellos entramados políticos, económicos y sociales que se dan a escala internacional.

De manera general, su filosofía, conocida mundialmente como "performativa", se ha desarrollado a través de un diálogo múltiple entre varias teorías filosóficas y culturales con el fin de articular una serie de propuestas que van "más allá" de algunas de las controversias más candentes en nuestra contemporaneidad. La perspectiva principal butleriana, la deconstruccionista, conlleva una tesis polémica en alto grado, a saber, que los dualismos que configuran el mundo físico y simbólico que habitamos son "falsos dilemas". La apuesta es, por tanto, desmontar tales falsos dilemas desde un foco de acción subversivo.

La posibilidad, y la urgencia, de transformación social que se desprenden de las afirmaciones butlerianas derivan de su afán constante por discutir lo que entendemos como "natural", que es una labor que la autora lleva a cabo a través de la convicción de que "otro mundo" es, y debe ser, posible. En otras palabras, el cuestionamiento incisivo de "lo que se da por sentado" (por ejemplo, la diferencia sexual) es realizado desde la aceptación de la democracia, pero en términos radicales y plurales, no liberales. Ello implica que el antagonismo es una dimensión constitutiva de lo político, y el "reconocimiento del otro en su diferencia" es una acción de respeto que afirma la diferencia sin subsumirla en una sola mismidad identitaria.

Desde la exigencia del reconocimiento intersubjetivo, no limitado al genérico binario, en tanto necesidad vital y derecho de las subjetividades, arrancan las disidencias de Butler ante ciertas vertientes (esencialistas) del feminismo. No en vano, la autora afirma que el llamamiento del reconocimiento es una condición sin la cual el quehacer feminista recae en el desempeño de maniobras excluyentes y violentas. He aquí el núcleo de la crítica "intra-feminista" de Butler que le ha hecho ganar no pocos enemigos y le ha supuesto convertirse en eje de numerosas controversias, tanto teóricas y académicas como militantes.

Con todo, lo que está claro es que Butler es una figura emblemática del clima de problematización feminista y no extraña que algunos de sus impulsos más potentes hayan sido las denuncias contra las concepciones naturalistas de la heterosexualidad. La consideración de la heterosexualidad como obligatoria y compulsiva, no espontánea y natural, constituye los albores de la crítica butleriana de lo que denomina "matriz heterosexual", un contexto normativo que salvaguarda sus intereses reproductivos mediante una distribución diferencial del reconocimiento y la vulnerabilidad. Además, la matriz heterosexual se desenvuelve, a la vez, como horizonte de inteligibilidad y como régimen de verdad.

Puede decirse que Butler participa de este ambiente contra el discurso y la práctica feminista pero, eso sí, desde "dentro" del feminismo. Dado esto, las propuestas de Butler se sitúan en una posición que no encaja, a mi parecer, en ninguno de los frentes protagonistas del clásico debate feminista entre la igualdad y la diferencia que, además, guarda ciertas analogías con la disputa filosófica entre modernidad y postmodernidad. Butler es, pues, la hacedora de una filosofía interdisciplinar que, si bien reconoce la productividad del pensamiento postmoderno en cuanto ejercicio crítico que vincula la teoría al poder, no llega a desechar algunas "promesas de la modernidad" que continúan pendientes. Ahora bien, si no las desecha, sí que las cuestiona, lo que implica que la validez de tales promesas depende de que se atrevan, con talante desmitificador, a volcarse sobre sí mismas y a declararse siempre revisables. Reaparece, así, el rechazo de las soluciones finales.

En conclusión, quiero señalar que la obra de Butler responde a la necesidad contemporánea de asumir las críticas postmodernas respecto a algunos presupuestos surgidos en la modernidad. Unos presupuestos que, no debemos olvidar, han desatado, y siguen desatando, tragedias para no repetir. Pensemos, por ejemplo, en aquellos experimentos políticos modernos que, tomados en principio como utopías, desembocaron en "distopías".

Katalin Farkas

25 de marzo: Katalin Farkas

Katalin Farkas (1970)

María González

Katalin Farkas nació en Budapest, durante la ocupación soviética de Hungría. Filósofa y matemática, se formó en la Universidad Eötvös Loránd de Budapest, donde comenzó su carrera en la enseñanza universitaria, y obtuvo el doctorado en filosofía en la Academia Húngara de Ciencias. En el año 2000, coincidiendo con la formación del Departamento de Filosofía en la Central European University (CEU), Katalin Farkas se une a dicha institución como docente e investigadora, donde continúa trabajando actualmente. Farkas fue directora del Departamento de Filosofía de la CEU desde 2007 hasta 2010, año en el que pasó a ocupar el cargo de vicerrectora hasta 2014. Ha realizado estancias en la Universidad de Sídney, en el Center for Subjectivity Research en Copenhague y en la Universidad Nacional de Australia en Camberra. También fue becaria en el Collegium de Budapest y titular de la Kerstin Hesselgren Visiting Chair de la Universidad de Estocolmo. Desde 2012 es miembro de la Academia Europeae de Filosofía.

A la edad de 11 años, Farkas ganó la Competición Nacional de Matemáticas de Hungría. Su talento temprano para las matemáticas la llevo a formarse en esta materia, antes de perder el interés en ella por completo y dedicarse a la filosofía, que, según sus palabras, fue siempre una opción natural para la que tenía desde pequeña dos aptitudes principales: una inteligencia inquisitiva y una gran curiosidad por las preguntas fundamentales. Cuando Farkas habla de su interés por la filosofía menciona siempre a su padre, el filósofo y teórico marxista János Lazlo Farkas, como un factor determinante y una fuente de conocimiento e inspiración. A él dedica su libro *A subject's point of view* (2008), donde toma forma y proyección el conjunto de sus intereses y pretensiones teóricas.

El trabajo de Katalin Farkas abarca la filosofía de la mente y la epistemología y se centra en la naturaleza de las experiencias perceptivas, pero su objetivo teórico se define de forma interdisciplinar. Farkas reivindica como conexión sustantiva el diálogo entre la investigación filosófica y los resultados empíricos que proporcionan la psicología o la neurobiología en la construcción del carácter fenoménico de las experiencias sensoriales como objeto teórico. En base a esta posición metodológica, la temática de su obra se orienta a la defensa de una concepción internalista sobre lo mental de doble dirección: dirigida a la legitimación del internalismo y a la refutación del externalismo simultáneamente. El análisis de doble dirección, de simultánea refutación y defensa, no solo está presente en los argumentos de Farkas de forma general, sino que es determinante en la formulación inicial de su concepción internalista de la mente.

Su internalismo tiene como principal influencia a René Descartes y, en concreto, al argumento del genio maligno con el que Descartes construye la famosa formula del "Cogito, ergo sum" que inaugura la filosofía de la conciencia de la Modernidad y convierte al sujeto pensante en un concepto filosófico central. La filosofía cartesiana funciona como un punto de partida que lleva a Farkas a postular la mente como autónoma por encima de su determinación en función del entorno. En este sentido, define su propuesta internalista como una postura heterodoxa en tanto que opuesta a la concepción de lo mental que, para Farkas, es el denominador común del tratamiento tradicional de la cuestión: el externalismo, es decir, la concepción de que el contenido de los estados mentales está determinado por hechos externos al sujeto. En otras palabras, en lo que respecta a la confrontación entre las dos concepciones de lo mental, Farkas se decanta abiertamente por el internalismo que, en oposición al externalismo, da prioridad al contenido sobre el contexto.

Según Farkas, con el argumento del genio maligno, Descartes reduce el mundo entero del sujeto a una perspectiva. Todo lo que "es", pasa a ser lo que "es desde un punto de vista". Las consecuencias de esta tesis equivalen a una definición de la realidad en función de lo mental, pero también, para Farkas, a una definición de la propia mente. Esta consiste en cómo son las cosas según el punto de vista del sujeto.

El dualismo cartesiano, según es interpretado por Katalin Farkas, permite establecer como criterio de lo mental el acceso privilegiado a los objetos de conocimiento. Privilegiado tiene aquí un sentido perspectivista, es decir, que en la medida en que la realidad equivale a la percepción del sujeto desde su punto de vista, toda experiencia sensorial o perceptiva equivale a una modificación de un objeto por parte de la mente. En este sentido, es posible afirmar que las características mentales de un sujeto están determinadas por sus estados internos. La mente sería, por tanto, una facultad que nos proporciona acceso privilegiado a lo conocido y que se dirige de forma intencional a los objetos, aplicando a ellos una estructura previa, un punto de vista que da como resultado la percepción de los objetos.

Estas afirmaciones han llevado a Farkas a sostener una afirmación controvertida, que explica que defina su postura internalista como intransigente: que los estados mentales no dependen del cuerpo para su existencia, sino para su origen causal. Por ello rechaza afirmar que el cuerpo o el cerebro constituyan el límite entre lo interno y lo externo. Es decir, considera que la realización material de su tesis del internalismo es una pregunta empírica y, por tanto, propone abordarla desde un enfoque interdisciplinar.

Así, para explicar cómo un sujeto construye una imagen del mundo en base a las experiencias perceptivas, recurre a los tipos de receptores del sistema somatosensorial y al estudio de la psicología entre los sentidos de la temperatura, la presión o el dolor. Pero señala como un posible camino la interpretación filosófica al respecto: la presión o el calor se perciben del mundo exterior, pero la experiencia del dolor es interna y está ligada a la consciencia. El internalismo de Farkas, tal y como está concebido, supone responder a lo que puede significar esa diferencia.

26 de marzo: Iris Murdoch

Iris Murdoch (1919-1999)

Margarita Santana de la Cruz

"(…) Desear lo bello es desear lo real y el Bien". Esta frase podría pertenecer perfectamente a uno de los diálogos de las numerosas novelas de Iris Murdoch, pero forma parte de su estudio sobre Platón, *The Fire and the Sun* (1977).

Conocía a esta autora como novelista, hasta que un día Manuel Liz me comentó que además de escritora era filósofa. A partir de ese momento comenzó mi indagación y búsqueda de sus obras, mi lectura de sus textos, mi sorpresa ante los hallazgos, mi descubrimiento.

Iris Murdoch nació en Dublín en 1919 y murió en 1999 en Oxford. Estudió en escuelas progresistas: en la Froebel Demostration School, de Londres, y en la Badminton School, de Bristol. Se matriculó, con diecinueve años, en el Somerville College, de Oxford, donde estudió literatura clásica, historia antigua y filosofía. Como postgraduada en el Newnham College de Cambridge estudió filosofía, teniendo como maestro a Wittgenstein. Formó parte, junto con Elizabeth Anscombe y Philippa Foot, del círculo de amistad del filósofo austriaco. Anscombe, Philippa Foot, Iris Murdoch y Mary Midgley, tal como señala Manuel Liz en el capítulo dedicado a Anscombe, "forman un conjunto distinguido de autoras que constituye a mediados del siglo pasado un caso único de escuela filosófica formada sólo por mujeres".

Entre 1948 y 1963 fue profesora en el St. Anne´s College de Oxford, así como en el Royal College of Arts desde 1963 a 1967. Escritora y filósofa. ¿Cabe plantearse qué primaba sobre qué? ¿Filósofa profesional y novelista vocacional? ¿A la inversa? Mi sensación es que con Murdoch no caben estas preguntas. De hecho, hay un entrelazamiento entre ambas actividades que puede ser descrito en sus propios términos: "Un cuidadoso uso de las palabras, responsable y hábil, es el más elevado instrumento de nuestro pensamiento y uno de nuestros más elevados modos de ser" (1977; 127). Instrumento de la filosofía, instrumento de la literatura. En 1954 publicó su primera novela, *Under the Net* (considerada por la revista Time como una de las cien mejores novelas de la literatura inglesa del siglo XX), pero en 1953 ya había publicado un ensayo sobre Sartre, *Sartre: Romantic Rationalist*, el primer estudio inglés sobre este filósofo. Resulta llamativo, así mismo, que tras abandonar su relación institucional con la filosofía escribiera dos de sus ensayos más importantes: *The Sovereingnity of Good* (1970), y el ya citado *The Fire and the Sun* (1977), publicado un año antes de su novela *The Sea, the Sea*, por la que obtuvo el Booker Prize. En 1987 publica *Acastos:*

Two Platonic Dialogues. En 1992 *Metaphysics as a Guide to Morals*, que reúne los textos de las Gifford Lectures pronunciadas en 1982 en Edimburgo; y en 1997, *Existentialits and Mystics: Writings on Philosophy and Literature*, editado por P. Conradi, una recopilación de sus ensayos desde 1950 hasta 1986. En ese mismo año, 1997, fue galardonada con el Golden Pen Award por toda su carrera. Falleció dos años después.

"Una fe ingenua en la ciencia, junto con la suposición de que todos somos seres racionales y totalmente libres, engendra una peligrosa falta de curiosidad acerca del mundo real, nos impide aquilatar lo difícil que es conocerlo" (1997;294).

Conocer el mundo. Conocer la realidad. La filosofía de Murdoch abarca su original planteamiento de las relaciones entre la filosofía y la literatura, sus ideas sobre el arte y la religión, y sus reflexiones sobre filosofía moral. En los dos primeros ámbitos, en un diálogo continuo sobre todo con Platón, Kant, Wittgenstein o Weil, y también con Dante, Tolstoi, o Shakespeare: "El arte, como (en opinión de Platón) la filosofía, se cierne en el aire límpido que respiramos justo más allá de lo que ha sido expresado" (1977; 124). O también: "El arte engaña a la vocación religiosa en el último momento, y es hostil a las categorías filosóficas. Pero ni la filosofía ni la teología pueden prescindir del arte; ha de darse un pacto entre ellas como el pacto entre razón y placer del Filebo" (1977; 127). En el tercer ámbito, con una visión crítica de Kant, del existencialismo, del conductismo, del utilitarismo, y de autores contemporáneos suyos como R. M. Hare o S. Hampshire. La filosofía moral de nuestra autora, definida como "realismo moral" o "naturalismo moral", presta especial atención a las virtudes y a la percepción moral.

El trabajo filosófico de Murdoch estuvo influenciado por Simone Weil, de quien adopta el concepto de "atención" y de "vacío", y con quien comparte la idea de la relevancia filosófica de "la imaginación". Su otra influencia destacable es la de Platón, de quien toma y refuerza la idea de la realidad del Bien y a partir del cual entenderá la vida moral como un camino que va de la ilusión a la realidad. Frente a una filosofía moral centrada en la idea de un sujeto absolutamente libre respecto al cual sólo resultan relevantes cuestiones como la voluntad y la elección, Murdoch enfatiza la importancia de la estructura de la acción y de las capacidades humanas, incluyendo la percepción, la imaginación y el autoconocimiento; esto es, el concepto de persona, de la propia vida, y de la vida interior, elementos imprescindibles para la acción moral. La actividad mental es agencial, los conceptos son capacidades que podemos aprender y ejercitar en actos de pensamiento y de percepción, y que podemos modificar y refinar a través de la imaginación y el diálogo. Idea vertebradora de su reflexión es también la de atención: cómo aprendemos a ver y a concebirnos mutuamente.

En *The Sovereingnity of Good*, un crítico, lúcido y perspicaz diálogo con los enfoques y autores señalados, expone, a través de un ejemplo que podríamos considerar paradigmático de su posición, lo que es el núcleo de la misma: M, una suegra, tiene una cierta concepción –negativa- de su nuera, N. El que la considere negativamente (vulgar, ordinaria, indigna de su hijo) no es algo que deja traslucir en su comportamiento. En todo momento su trato con ella es exquisito, ninguno de sus actos revela la verdadera visión que tiene de N. Sin embargo, comienza a plantearse que sus sentimientos y pensamientos son indignos, que es probable que sean los celos lo que está detrás de su visión, o un deseo desmesurado de aferrarse a su hijo. Así que se impone la tarea –moral- de cambiar la visión que tiene de N: nuevas imágenes irán sustituyendo a las primeras a medida que pasa el tiempo. Intenta ver a su nuera justamente, amorosamente, y así M es moralmente activa. Como señala Murdoch (1970; 34): "La independencia de M respecto de la ciencia y del "mundo de los hechos" que la filosofía empirista ha creado en la imagen científica no sólo descansa en su voluntad cambiante sino en su mente observadora y cognoscente".

La imaginación, la visión, "la vida interior" son importantes para la acción moral. Los descubrimientos sobre el mundo, la visión del Bien, la de los otros que no son yo, suponen la concurrencia de todos estos elementos. La imaginación es "la habilidad para ver la otra cosa, lo que se podría denominar, para usar términos pasados de moda, la naturaleza, la realidad, el mundo (…) La imaginación es un tipo de libertad, una habilidad para percibir y expresar la verdad" (1997; 255).

Leamos a Murdoch y pensemos e imaginemos con ella.

Nancy Fraser

27 de marzo: Nancy Fraser

Nancy Fraser (1947)

Álvaro Domínguez Armas

Mi encuentro con Nancy Fraser puede catalogarse de fortuito. La primera vez que leí algo suyo fue a principios del mes de marzo por motivo de la huelga feminista del 8M, concretamente, un artículo que publicó en *The Guardian* ("Un feminismo para el 99%: por eso las mujeres haremos huelga este año") junto con otras pensadoras, entre las que se encuentran algunos nombres ya conocidos en este #MesdelasFilósofas como Angela Davis. En el artículo se reivindica una protesta a nivel mundial contra la violencia machista, demostrando que a través de campañas como #MeToo, #UsToo y #TimesUp se ha puesto de manifiesto algo que las mujeres ya sabían: la violencia machista acecha la vida cotidiana de las mujeres, por lo que (cito del artículo) "su campaña en contra debe ser internacional".

Mi interés por esta filósofa se acrecentó al leer una frase del mismo artículo donde declaraba que "el silencio se impone", refiriéndose al silencio público de las mujeres sobre lo que siempre ha estado encubierto: la violencia machista. En otras palabras, el silencio no existe simplemente por el miedo o la vergüenza de hablar. Ante declaraciones de tal calibre, mi curiosidad por sus teorías iba "in crescendo". Tristemente, su nombre no había aparecido en ningún momento de las clases del grado en filosofía, una lástima.

Nancy Fraser nació el 20 de mayo de 1947 en Baltimore, Estados Unidos. Actualmente es profesora de Ciencias Políticas y Sociales en The New School, la New School for Social Research, fundada en 1919 por John Dewey o Charles Baird, entre otros, y que tuvo entre sus filas de docencia a pensadores de renombre como Lewis Mumford, Harold Laski, John Maynard Keynes, Bertrand Russell o Hannah Arendt.

El pensamiento de Fraser es imprescindible para estudiar el desarrollo de la teoría crítica y sus marcos conceptuales, sin dudar en ningún momento (aunque parezca redundante) en ser crítica con la propia teoría crítica. Esto se demuestra en su artículo "¿Qué tiene de crítica la teoría crítica? Habermas y la cuestión del género" (1990), donde critica la teoría habermasiana por excluir al movimiento feminista de los marcos sociales, cuando tiene especial relevancia ante la política.

Este no es el único escrito donde hace mella en la teoría crítica. De hecho, una de sus obras más famosas, *¿Redistribución o reconocimiento?* (2006), se basa en "reconciliar" la postura monista, en palabras de la filósofa, de Axel Honneth. Su tesis se plantea como una postura perspectivista al no reducir el problema de la distribución dentro del campo del reconocimiento al defender de manera constante la necesidad de llevar a cabo una ardua tarea, a saber, diseñar una teoría de la justicia sin perder una dimensión crítica de la misma.

Otra de sus obras más conocidas, *Escalas de justicia* (2009), comienza justo desde este último punto. Intenta ocuparse de configurar una teoría de la justicia que concilie una política de la redistribución en la esfera económica, un modelo de reconocimiento en el ámbito socio-cultural, y la representación en lo político. Todo ello interpelado por un proceso discursivo público que no se suscriba a un único marco global que lo abarque todo, sino más bien un conjunto de marcos múltiples funcionalmente definidos que, yendo más allá que Habermas, reinterprete la noción de "esfera pública" y que incluya a todos los sujetos para que esta teoría pueda colaborar con las reivindicaciones y las luchas por la emancipación como en el 8M.

Así es Nancy Fraser, una filósofa a quien seguir de cerca por su interés en las cuestiones relacionadas con los movimientos sociales, la filosofía política y el feminismo filosófico. Para quien "politizar lo personal" será una forma de poner de manifiesto el profundo androcentrismo del sistema y de cambiar la sociedad desde sus raíces.

28 de marzo: Eulalia Pérez Sedeño

Eulalia Pérez Sedeño (1954)

Obdulia Torres González

Si hay una palabra que pueda definir a Eulalia Pérez Sedeño es la de pionera. Pionera en introducir los estudios de ciencia y género en España, pionera en ser la primera mujer catedrática del área de Lógica y Filosofía de la Ciencia, en ser la primera mujer directora del FECYT, la precursora de la introducción de los módulos de género en los cursos para el profesorado de secundaria... En una disciplina como la filosofía, tan sumamente masculinizada, los logros anteriores son importantes.

Eulalia comienza su carrera investigadora en lógica con una tesina que tuvo por título *Un sistema libre se supuestos existenciales*, bajo la dirección de Alfredo Deaño, pero pronto abandona esa línea y se pasa a historia de la ciencia. Concretamente su tesis doctoral y sus primeras publicaciones tratan sobre historia de la astronomía antigua, aunque con un análisis netamente filosófico que desentrañaba el papel de la teoría, de la experiencia y de la observación en el desarrollo de los modelos cosmogónicos.

Es en 1988, en la Universidad de Cambridge, donde inicia la investigación que vertebrará toda su carrera: los estudios de género. Eulalia ha emprendido los estudios sobre las mujeres prácticamente desde todas las perspectivas abordables desde un punto de vista filosófico: la recuperación de mujeres olvidadas, las epistemologías feministas, los sesgos de género en la investigación científica, la situación de la mujer en los sistemas de ciencia y tecnología... Según ella misma cuenta, el punto de partida fue la publicación en 1993 del número de la revista Arbor titulado *Mujer y Ciencia*. Allí, bajo el explícito título de "No tan bestias", hace una recuperación de algunas de las mujeres olvidadas de la Antigüedad. Si atendemos a sus publicaciones, a partir de ahí comienza una línea de investigación que refleja las dificultades de las mujeres para acceder a la ciencia, ya sean los supuestos obstáculos de índole biológico, los institucionales o los sociales. Todavía estaba fresco el informe ETAN, cuando Eulalia realizó el primer informe de indicadores que reflejaba la situación de la mujer en el sistema académico español. El impacto de ese trabajo en las mujeres de la comunidad académica fue enorme. Por fin había datos que reflejaban de forma inequívoca y sin lugar a duda las situaciones de discriminación que las mujeres habían estado soportando durante años. Ese trabajo fue objeto de una enorme divulgación y abrió la puerta a una línea de investigación que ha fructificado, no sólo en indicadores, sino en análisis de los factores que subyacen a la discriminación y las medidas políticas con las que abordarlo. En el año 2006, en ese afán de recuperación de mujeres olvidadas y de búsqueda de modelos que animaran a las mujeres a emprender los estudios de lógica, publica "Las lógicas que nunca nos contaron", donde retoma el tema de la lógica, que nunca había vuelto a surgir en su curriculum y que dedica a la memoria de su primer maestro, Alfredo Deaño.

A partir de 1995, cuando regresa de una estancia en Berkeley, Eulalia lidera los estudios conocidos como Ciencia, Tecnología y Género. En este ámbito hay que realzar su papel como dinamizadora cuando organiza, por primera vez, un congreso bajo ese nombre que se convertiría en uno de los congresos internacionales más importantes en estudios de género, me refiero al Congreso Iberoamericano de Ciencia, Tecnología y Género que, desde 1996, se ha venido organizando de forma ininterrumpida, cada dos años, a este y el otro lado del Atlántico. Ello ha permitido aglutinar a un enorme número de investigadoras iberoamericanas en la Red Iberoamericana de Ciencia, Tecnología y Género, financiada por CYTED, formada por más de 80 investigadoras de 10 países y coordinada por ella.

Un aspecto importante de su investigación ha sido la presencia de valores contextuales en la ciencia, especialmente los valores de género. Su último libro, *Las mentiras científicas,* sobre las mujeres es un ejemplo de este enfoque, pero también los sucesivos proyectos de investigación que ha liderado, en lo que ha denominado tecnologías del cuerpo: *Interacciones CTS en Ciencias Biosociales y Tecnologías Médicas* (CICYT 2004-2006), *Ciencias y tecnologías del cuerpo desde una perspectiva CTS* (MEC 2007-2009), *Cartografías del cuerpo* (MICINN, 2010-2012), *Visiones y versiones de las tecnologías biomédicas: gobernanza, participación pública e innovaciones ocultas* (MINECO, 2013-2015) y *Voces múltiples, saberes plurales y tecnologías biomédicas* (MINECO, 2016-2018). En esta línea recupera una preocupación inicial de sus años en Cambridge, cuando pensaba que debía abordar el estudio de la medicina, pues ésta y la astronomía antigua, aunque son disciplinas diferentes, comparten problemas y métodos similares. Otra obra donde la autora vuelve a sus inicios y los combina con los estudios de género es el libro *Un universo por descubrir: género y astronomía en España,* donde recupera la historia de grandes astrónomas y lo complementa con un estudio de indicadores acerca de la presencia de la mujer en la astronomía en España.

Creo que podemos decir que la astronomía, los estudios de género y la medicina han sido sus tres grandes pasiones y a lo largo de su carrera ha ido tejiendo y destejiendo las relaciones entre ellas.

Judy Wajcman

29 de marzo: Judy Wajcman

Judy Wajcman (1950)

Abraham Hernández

Judy Wajcman nació en Australia en 1950. Aunque socióloga de formación, ha hecho importantes avances en la filosofía de la ciencia y la tecnología desde un punto de vista feminista. Antes de ocupar la cátedra de Sociología Anthony Giddens en la London School of Economics (LSE), Wajcman fue profesora de esta misma disciplina en la Escuela de Investigación de Ciencias Sociales en The Australian National University. Ha ocupado cargos en Cambridge, Edimburgo, Manchester, Sydney, Tokio, Viena, Warwick y Zurich. Además, ha sido profesora visitante en distintos institutos y universidades de prestigio como pueden ser la Lehman Brothers Centre for Women in Business en la London Business School, el Oxford Internet Institute o el All Souls College. Del año 2009 al 2011 fue presidenta de la Sociedad de Estudios Sociales de la Ciencia.

Su interés por la ciencia, el género y la tecnología se desarrolló como respuesta a la marginación de las mujeres de los trabajos científico-técnicos. Su producción académica comienza en los años 80 con multitud de artículos y libros, pero fue la publicación de su obra *El tecnofeminismo* en el año 2004 la que la elevó a las más altas cotas de popularidad de su carrera. Dicha obra es entendida, en gran medida, como un diálogo con su obra de 1991 titulada *Feminism Confronts Technology*. En ella Wajcman explicaba cómo la tecnología se ha venido construyendo social y culturalmente como parte constitutiva de una cultura masculina vinculada a la élite. Además, su análisis muestra que el proceso de socialización diferencial de varones y mujeres en el campo de la tecnología ha contribuido a legitimar y perpetuar en el tiempo la relación "técnica-masculinidad". La consecuencia directa de dicha marginalidad de las mujeres del conocimiento en general, pero también de los saberes y habilidades tecnológicas, es la desvinculación de los ámbitos de poder o influencia, en la medida en que la tecnología supone una fuente de poder y de recursos fundamental. Por su parte, *El tecnofeminismo* está más centrado en analizar las diversas maneras en que las tecnologías tienen género, tanto en su diseño como en su utilización. En ambas obras Wajcman hace hincapié en que la historia del conocimiento científico estaba influida por el hecho de que las mujeres estaban excluidas de él, y que esa exclusión configuró el conocimiento científico occidental.

El año pasado se publicó en nuestro país su penúltimo libro, *Esclavos del tiempo: Vidas aceleradas en la era del capitalismo digital*. En esta obra Wajcman aborda otro de sus temas de interés: el uso del tiempo y su relación con las nuevas tecnologías o tecnologías digitales. Sus análisis son una aportación clave para tomar conciencia de cómo la cultura digital ha cambiado el concepto de tiempo y a su vez a nosotros mismos. Problematiza la imagen del individuo actual hiperconectado y adicto a todo tipo de redes. Wajcman recupera el viejo debate acerca de los fines de la tecnología, pero no desde una posición romántica o tecnófoba, sino desde una postura sensata y conciliadora, evitando por completo sumarse a las posturas que culpan a la tecnología de los males de la sociedad. Por ejemplo, según Wajcman, el debate sobre si las máquinas nos roban el trabajo solamente nos distrae del auténtico problema: la precariedad laboral.

Helen Longino

30 de marzo: Helen Longino

Helen Longino (1944)

Inmaculada Perdomo

Helen Longino ha sido profesora de filosofía de la ciencia en las universidades de San Diego y Minnesota y, desde 2005, en la Universidad de Stanford (donde es C.I. Lewis Professor in Philosophy), donde sigue en activo impartiendo cursos sobre filosofía de la ciencia, epistemología feminista y sobre las dimensiones sociales del conocimiento científico. Ganó, en 2014, el premio al mejor libro en Filosofía Feminista de la Ciencia otorgado por la Philosophy of Science Association por su texto *Studying Human Behaviour* (University of Chicago Press, 2013). Ha sido presidenta de la Philosophy of Science Association y ha recibido Doctorados Honoris Causa por la Universidad de Amsterdam en 2014 y por la de Turku (Finlandia) en 2016.

Es autora de los relevantes textos *Science as Social Knowledge. Values and Objectivity in Scientific Inquiry* (1990) y *The Fate of Knowledge* (2002), ambos publicados por Princeton University Press, en los que se propone dar sentido filosófico a la idea del conocimiento socialmente construido, centrándose en las prácticas cognitivas de la ciencia. El razonamiento evidencial, base del quehacer científico, tiene lugar en un contexto y es evaluado con respecto a objetivos y fines trazados. Las prácticas intelectuales del observar y el razonar no existen de forma pura, sino que son conformadas por los supuestos de fondo y los valores, constitutivos y contextuales. La investigación científica, argumenta, no está separada de los contextos sociales, políticos y culturales que la sustentan. Su posición constructivista evita, sin embargo, el relativismo. Definida como "empirismo contextual", subraya que el hecho de reconocer la presencia de los valores, y los supuestos de fondo en el proceso de construcción de la ciencia, sólo es un problema en concepciones individualistas del método y el conocimiento científico. Por el contrario, una concepción social de la "objetividad" permite observar que son los procesos de interacción social de la comunidad científica los que convierten lo subjetivo en objetivo, los que determinan qué valores permanecen codificados en las teorías. Si estos son aceptables o no, depende de nuestra orientación y posición respecto a ellos, algo que la crítica feminista de la ciencia mostró desde hace décadas. "Dejar que los datos sugieran", afirma nuestra autora, es la receta para reproducir los valores e ideología dominantes.

Es, precisamente, la infrarrepresentación de las mujeres y otros grupos minoritarios en el seno de las comunidades científicas lo que provoca que sus perspectivas o demandas no se tomen en cuenta. En los capítulos centrales de *The Fate of Knowledge* desarrolla las ideas avanzadas en

Science as social Knowledge, e incide particularmente en las prácticas críticas dialógicas, en la interacción entre los sujetos agentes de la ciencia, como la vía adecuada para la construcción y legitimación o autorización del conocimiento. La observación y el razonamiento, elementos centrales conformadores del conocimiento, son considerados prácticas sociales y dialógicas, esto es, son actividades que implican interacciones discursivas entre diferentes voces. Es en este punto donde su compromiso con el feminismo se hace evidente, ya que una de las condiciones para que este diálogo crítico sea efectivo, junto al escenario que lo hace posible (congresos, revistas…); los criterios de evaluación, que deben ser públicos, y que incorporan a los valores y a los criterios de cientificidad compartidos, entre otros; y ciertas vías para la eficacia causal de tal crítica, incluye el criterio que denomina "igualdad moderada" ("tempered equality") y que se refiere a la igualdad de autoridad intelectual. La diversidad de perspectivas, dotadas de autoridad epistémica, es necesaria para que el discurso crítico sea vigoroso y epistémicamente efectivo, por ello la exclusión histórica de las mujeres y las minorías raciales del mundo de la educación y profesión científica constituye, a juicio de Helen Longino, "no sólo una injusticia social sino un fallo cognitivo". De esta forma, la ausencia de estas voces, devaluadas históricamente y ausentes de las prácticas de las comunidades científicas, implica que las asunciones compartidas por los miembros de éstas han estado libres del escrutinio crítico. El consenso en el marco de las comunidades no debe ser el resultado del ejercicio de la imposición de una perspectiva dominante, del poder político o económico, o de la exclusión de las perspectivas disidentes, sino el producto de un diálogo crítico en el que todas las perspectivas relevantes estén representadas. Las voces diferentes, afirma en claro estilo feyerabendiano, no sólo deben ser toleradas, sino que deben ser cultivadas.

Esta "epistemología modesta" como es denominada por Helen Longino, al estar pensada para seres humanos actuales y empíricos y para una ciencia real y presente, no para sujetos de ciencia ideales y futuros, desarrolla una visión del conocimiento socializada, no sociologizada, como ella nos advierte, que integra en vez de dicotomizar la racionalidad y la naturaleza social del conocimiento. Es una epistemología cuyas nociones normativas centrales son las de aceptabilidad epistémica y conformidad, término general que se refiere al éxito epistemológico del contenido, e implica las nociones de contextualidad, pluralidad, provisionalidad, parcialidad, y complejidad del conocimiento científico. Una imagen de la ciencia y unas actitudes hacia ella que están en el centro de la propuesta epistemológica de Helen Longino, y que bautizada hace más de una década, como empirismo contextual, prefiere llamar ahora "empirismo feminista crítico y contextual", subrayando esta característica básica del proceso dialógico de diferentes voces a través del cual se genera y legitima provisionalmente el conocimiento científico en las comunidades plurales.

En "Feminismo y Filosofía de la Ciencia" (*Journal of Social Philosophy*, 21, 1990), afirma que el hábito de fundamentar los estereotipos acerca de los géneros en el lenguaje científico de la época (desde el calor vital de Aristóteles hasta las hormonas y los hemisferios cerebrales de nuestro tiempo) convierte la ciencia de las diferencias sexuales en un objeto ideal de análisis feminista, un objeto cuyo examen cuidadoso puede revelar aspectos de los mecanismos tanto de la construcción del conocimiento como de la construcción del género. En esta tarea, argumenta Longino, el análisis feminista hace causa común con el análisis filosófico, que, en algunas de sus tendencias, también está comprometido con la comprensión y límites de las capacidades cognitivas humanas y con la des-fundamentación de afirmaciones de conocimiento extravagantes.

Helen Longino, aún activa en la investigación y la docencia, sigue desarrollando una epistemología social real que centra su atención en las interacciones entre los agentes cognitivos, una "network epistemology", que nos permite reconocer el carácter social y contextual del conocimiento, al tiempo que defiende un pluralismo teórico y evita el relativismo afirmando que nuestras teorías mantienen un grado de conformidad con el mundo, o adecuación empírica. Esto hace que podamos afirmar que nuestro conocimiento acerca de él es genuino, pero siempre revisable, abandonando los ideales de certeza y de permanencia del conocimiento. Algo que sólo puede ser positivo y que estimula la investigación constante y la formulación de nuevas preguntas.

Desde hace años, he incorporado al programa de la asignatura Filosofía de la Ciencia del Grado en Filosofía, así como a los programas que imparto en varios másteres, a esta importante filósofa de la ciencia. Sus contribuciones a los más importantes debates en el seno de la filosofía de la ciencia han convertido a esta en una disciplina apasionante, compleja y sensible al papel de los valores en el proceso de construcción y legitimación social de la ciencia. Valores que no son eliminables, porque no contaminan la práctica científica, sino que la hacen posible.

Mary Midgley

31 de marzo: Mary Midgley

Mary Midgley (1919)

Mª Rosario Hernández Borges

Mary Midgley nació en Londres en 1919. Desde los doce años se formó en Downe House, un internado donde tuvo su primer contacto con la filosofía a través de los textos de Platón. En 1938 ingresó en Somerville Collage Oxford, donde coincidió con Iris Murdoch, Elizabeth Anscombe y Philippa Foot. Las cuatro filósofas siguieron en Oxford durante la segunda Guerra Mundial, época que Midgley recuerda como un momento singular para estudiar filosofía porque en todas era vocacional y nadie pensaba en hacer carrera de aquello. Después de solicitar un puesto en St. Hugh's Collage que, finamente, obtuvo Mary Warnock, Midgley dejó la universidad. Vivió este cambio como un alivio ya que la atmósfera de Oxford era terriblemente crítica y destructiva para personas como ella. Ese mismo efecto consideraba que ejercía sobre su amiga Iris Murdoch.

Uno de los datos que más se destacan en las biografías de Midgley es que escribió su primer libro a los cincuenta y seis años, después de casarse, tener tres hijos en cinco años, y dejar de trabajar durante ese tiempo. Lo que antes y ahora parecería una anomalía impropia de alguien de la academia, le ha venido compensado a Midgley por el tiempo vital del que ha disfrutado. Cuando faltan pocos meses para cumplir cien años y estando todavía activa escribiendo textos filosóficos, que la primera de sus obras fuera a sus cincuenta y seis no deja de ser una anécdota.

Aunque fue Senior Lecturer en Filosofía en la Universidad de Newcastle upon Tyne, la mente de Midgley no funcionaba, como señala su amiga Philippa Foot, "como la de la mayoría de los convencionales filósofos analíticos de Oxford", y "encontró su fuerte siendo ingeniosa y sensata en televisión". Su crítica hacia cierta forma de hacer filosofía académica se muestra en algunos de los principales rasgos de su actitud filosófica: el rechazo a los doctos pretenciosos, el gusto por la crítica feroz y el interés por la vida y el pensamiento, desdeñando el estilo platónico preocupado por la realidad última y desligado de lo cotidiano. De esta actitud surgen algunos de sus temas favoritos de reflexión: la metáfora de la filosofía como fontanería, (*Utopias, Dolphins and Computers: Problems of Philosophical Plumbing*, 1996), la crítica a la ciencia (*Science and salvation*, 1992; *Science and Poetry*, 2001; *The Solitary Self: Darwin and the Selfish Gene*, 2010; *Are you and illusion?*, 2014) y los derechos de los animales (*Beast and Man*, 1978; *Animals and why they matter*, 1983; *The ethical primate*, 1994).

Para Midgley la filosofía se parece al oficio de reparar tuberías. Ha usado esta metáfora para insistir en que "filosofar no solo es algo sublime, elegante y difícil, sino también necesario". Tanto la fontanería como la filosofía tienen como objeto mantener el buen funcionamiento de sistemas complejos que subyacen a culturas complejas como las nuestras. Son sistemas que han ido cambiando con las demandas de los modos de vida, pero en ninguno de los dos sistemas ha habido un diseñador ni una planificación, por lo que se vuelven intrincados y requieren de técnica especializada. En el caso de la filosofía, cuando los conceptos fallan, nuestro pensamiento se distorsiona y obstruye, pero al contrario que con la fontanería, a veces no se ve la utilidad vital de la filosofía.

Uno de los temas por los que más se conoce a Midgley es su posición crítica contra el cientificismo, la fe ciega en la ciencia como estrategia única para responder cualquier pregunta. Por su parte, considera que la ciencia es una entre muchas formas de conocer el mundo real y nos advierte de los peligros del reduccionismo extremo, de las promesas sobre el alcance de la ciencia y de las especulaciones sobre el futuro que se basan en ideologías y que le recuerdan a "la vulgar y ciega euforia de los salmos". Dentro de su crítica a la ciencia, dos de las polémicas que más repercusión han tenido es su ataque a la hipótesis de Dawkins del "gen egoísta" y a la idea de Francis Crick de que "el alma es una ilusión perpetua". Aunque se declara no creyente, persiste en Midgley, la hija del capellán del King's College, Cambridge, una actitud religiosa que podría subyacer a algunas de estas críticas.

Con respecto a los derechos de los animales, fue el tema de su primer libro y ha sido una preocupación recurrente en su obra. Lo que Midgley discute son los criterios que aplicamos a la hora de definir qué es una persona con el objetivo de atribuir propiedades morales y legales. La rigidez en las definiciones nos hace olvidar la complejidad de las situaciones. Por eso, ante casos complejos debemos replantearnos nuestras concepciones previas y prepararnos para adaptar la norma legal a la evolución de las percepciones morales. Su propuesta consiste en superar la concepción racionalista kantiana de la persona y sustituirla por la idea de que lo que convierte a las criaturas en nuestros prójimos es la sensibilidad, la confraternidad emocional y la complejidad social.

Hannah Arendt

1 de abril: Hannah Arendt

Hannah Arendt (1906-1975)

Chaxiraxi Mª Escuela Cruz

En ocasiones creemos que es posible hacer justicia a una pensadora insistiendo en el papel que representan sus ideas en el presente o en el valor de sus tesis en la actualidad. Sin embargo, quizás resulte de mayor interés preguntarnos por el lugar y el significado que tiene el presente en su obra. En el caso de la filósofa alemana Hannah Arendt nos encontramos con un pensamiento permeable a los principales acontecimientos sociales, culturales y políticos que marcaron el agitado siglo XX, y que la sitúan como una de las voces más lúcidas e interesantes de la filosofía contemporánea.

La obra de Arendt se presenta como una de las aportaciones más decisivas al pensamiento político y social de la segunda mitad del siglo pasado, al mostrarse como conciencia de un cambio epocal marcado por el derrumbe de las promesas modernas de emancipación y de libertad del mundo burgués, y por el avance de nuevas formas de horror y de destrucción. En una entrevista televisada de 1964, donde se hacía un recorrido por algunas de las claves interpretativas de su rica y compleja teoría, la filósofa insistía en resaltar el afán de comprensión sin ambages que le acompañaría en sus años de formación personal e intelectual. "No me preocupa la influencia que puedan tener mis obras", aseguraba, "lo que me preocupa es comprender, y escribir forma parte de comprender". Difícilmente clasificable en una escuela filosófica, la obra de Arendt respondió al interés de comprender los sucesos catastróficos del siglo XX que ponían en entredicho las formas tradicionales de teoría y de praxis.

Hannah Arendt nace en Hannover en 1906 en el seno de una acomodada familia judía. Pronto se traslada a Königsberg, antigua capital de Prusia oriental. El ambiente liberal y no ortodoxo que dominó la infancia de la pensadora, hizo que muy pronto se viera atraída por las letras y la filosofía, formándose en las universidades de Marburg, Freiburg y Heidelberg. Allí vinculó sus estudios con algunos de los pensadores alemanes más importantes del momento: Martin Heidegger, Edmund Husserl o Karl Jaspers, director de su disertación doctoral sobre el concepto de amor en San Agustín. La llegada de Hitler al poder obligó a Arendt a abandonar Alemania y refugiarse en Francia. Allí es recluida en Gurs, el tristemente conocido campo de concentración construido originariamente para albergar a republicanos españoles. De ahí escapa tras solo unas semanas de encierro, y logra exiliarse a Estados Unidos, país donde se convierte en una crítica observadora del proceso de destrucción y de reconstrucción europea tras la guerra.

En Estados Unidos combina su actividad como docente en las universidades de California, Chicago, Columbia y Princeton con sus labores en la dirección de la Conference on Jewish Relations (1944-1946) y posteriormente de la Jewish Cultural Reconstruction Corporation (1949-1952). En estos años vería la luz una de las obras más influyentes de la filosofía contemporánea: *Los orígenes del totalitarismo*.

Escrita "desde un fondo de inacabable optimismo y de incansable desesperación", Arendt analizaba en sus más de seiscientas páginas la aparición de una nueva forma de dominio basada en el terror del "todo es posible". El nazismo en Alemania y el estalinismo en la Unión Soviética habían hecho realidad una forma novedosa de dominación distinta a la de los conocidos regímenes dictatoriales o tiránicos. Ella conducía a una quiebra civilizatoria que se resumía en el concepto de "mal radical" y ante la cual no bastaba el lamento o la denuncia, sino que exigía un verdadero ejercicio de comprensión. Comprender no es justificar, insistía Arendt, sino examinar la carga filosófica que los acontecimientos han colocado sobre nosotros, para lo cual resultaban insuficientes las categorías y las construcciones teóricas de la tradición del pensamiento político. "Cuando lo imposible es hecho posible", escribía, "se transforma en un mal totalmente impune e imperdonable que ya no puede ser comprendido ni explicado por los motivos malignos del interés propio, la sordidez, el resentimiento, el ansia de poder y la cobardía". En una carta a Jaspers, Arendt confesaba: "no sé lo que es el mal radical, pero debe tener que ver con este fenómeno: la superfluidad de los hombres como hombres". Lo característico del horror totalitario es la construcción de una forma de dominación donde los individuos se vuelven accesorios e innecesarios, que conducía a la deshumanización total. Los seres humanos se tornan superfluos cuando pierden lo propiamente humano, la espontaneidad. "Dominar es despojar al otro de su espontaneidad", convirtiéndolos en un conjunto de moribundos o muertos vivientes.

Tras su estudio sobre los totalitarismos aparece *La condición humana* (1958), la obra más sistemática de Arendt, en la que establece una ordenación de las formas de actividad humana en una estructura tripartita: labor, trabajo y praxis. La separación entre vida activa y vida contemplativa, así como la reivindicación del sentido clásico de "lo político", le permite concluir con la denuncia de los derroteros que ha tomado la actividad humana en la modernidad. En 1961 Arendt tiene la oportunidad de cubrir como periodista de *The New Yorker* el juicio al dirigente nazi Adolf Eichmann. Las notas que recabaría durante meses de escucha de alegatos, declaraciones y transcripciones judiciales terminarían materializándose en su obra *Eichmann en Jerusalén. Un relato sobre la banalidad del mal*, uno de los estudios más lúcidos sobre las causas y motivaciones que propiciaron el Holocausto. De manera novedosa, y no exenta de polémica, la tesis sobre el "mal banal" significaba conceder protagonismo no sólo a la racionalidad técnica y organizativa del nazismo, sino también a la terrorífica generación de sujetos normales u "hombres grises" que, como Eichmann, carecían de motivación ideológica especial y, sin embargo, participaron de manera diligente en la puesta en marcha de las tareas de aniquilación.

Sobre la revolución (1965), *Hombres en tiempos de oscuridad* (1968) o *Crisis de la República* (1972), último libro publicado por la propia Arendt, son algunos de los títulos que seguirían a sus análisis sobre la banalidad del mal. Póstumamente apareció *La vida del espíritu* (1978) y la colección *Ensayos de comprensión* (1930-1945). Sus últimos años estuvieron marcados por una intensa actividad investigadora en la New School for Social Research de Nueva York, donde permanecería hasta su muerte en 1975. La exigencia de comprender el presente, el desafío de replantear la pregunta acerca de las posibilidades de la teoría y de la praxis transformadoras, así como la urgencia de ampliar la tradición del pensamiento político occidental a nuevas categorías y enfoques, son solo algunos de los motivos que nos invitan a repensar hoy la obra de Arendt.

Lightning Source UK Ltd.
Milton Keynes UK
UKRC010250030619
343637UK00008B/47